SER PRESBÍTERO CATÓLICO

Dados Internacionais de Catalogação na Publicação (CIP)
(Câmara Brasileira do Livro, SP, Brasil)

Lima, Eanes Roberto de
　　Ser presbítero católico : estudo sobre a identidade / Eanes Roberto de Lima; sob a coordenação de Waldecir Gonzaga. – Petrópolis, RJ : Vozes : Editora PUC-Rio, 2022. – (Série Teologia PUC-Rio)

Bibliografia.
ISBN 978-65-5713-617-1 (Vozes)
ISBN 978-65-88831-67-0 (PUC-Rio)

1. Clero – Ministério 2. Concílio Vaticano (2. : 1962-1965) 3. Igreja Católica 4. Secularização (Teologia) 5. Teologia pastoral I. Título. II. Série.

22-121640   CDD-253.2

Índices para catálogo sistemático:
1. Presbitério católico : Cristianismo 253.2

Cibele Maria Dias – Bibliotecária – CRB-8/9427

Eanes Roberto de Lima

SER PRESBÍTERO CATÓLICO
ESTUDO SOBRE A IDENTIDADE

SÉRIE **TEOLOGIA PUC-RIO**

© 2022, Editora Vozes Ltda.
Rua Frei Luís, 100
25689-900 Petrópolis, RJ
www.vozes.com.br
Brasil

Todos os direitos reservados. Nenhuma parte desta obra poderá ser reproduzida ou transmitida por qualquer forma e/ou quaisquer meios (eletrônico ou mecânico, incluindo fotocópia e gravação) ou arquivada em qualquer sistema ou banco de dados sem permissão escrita da editora.

CONSELHO EDITORIAL
Diretor
Gilberto Gonçalves Garcia

Editores
Aline dos Santos Carneiro
Edrian Josué Pasini
Marilac Loraine Oleniki
Welder Lancieri Marchini

Conselheiros
Elói Dionísio Piva
Francisco Morás
Ludovico Garmus
Teobaldo Heidemann
Volney J. Berkenbrock

Secretário executivo
Leonardo A.R.T. dos Santos

© Editora PUC-Rio
Rua Marquês de São Vicente, 225
Casa da Editora PUC-Rio
Gávea
22451-900 Rio de Janeiro, RJ
Tel.: (21) 3527-1838
edpucrio@puc-rio.br
www.editora.puc-rio.br

Reitor
Prof. Pe. Anderson Antonio Pedroso, S.J.

Vice-reitor
Prof. Pe. André Luís Araújo, S.J.

Vice-reitor para Assuntos Acadêmicos
Prof. José Ricardo Bergmann

Vice-reitor para Assuntos Administrativos
Prof. Ricardo Tanscheit

Vice-reitor para Assuntos Comunitários
Prof. Augusto Luiz Duarte Lopes Sampaio

Vice-reitor para Assuntos de Desenvolvimento e Inovação
Prof. Marcelo Gattas

Decanos
Prof. Júlio Cesar Valladão Diniz (CTCH)
Prof. Francisco de Guimaraens (CCS)
Prof. Sidnei Paciornik (CTC)
Prof. Hilton Augusto Koch (CCBS)

Conselho Gestor Editora PUC-Rio
Augusto Sampaio, Danilo Marcondes, Felipe Gomberg, Francisco de Guimaraens, Hilton Augusto Koch, José Ricardo Bergmann, Júlio Cesar Valladão Diniz, Marcelo Gattas e Sidnei Paciornik.

Coordenação da série: Waldecir Gonzaga
Editoração: Programa de pós-graduação em Teologia (PUC-Rio)
Diagramação: Raquel Nascimento
Revisão de originais: Alessandra Karl
Revisão gráfica: Rúbia Campos
Capa: Editora Vozes

ISBN 978-65-5713-617-1 (Vozes)
ISBN 978-65-88831-67-0 (PUC-Rio)

Este livro foi composto e impresso pela Editora Vozes Ltda.

Agradecimentos

À minha família que sempre me apoiou e foi porto. Sempre soube que a distância jamais tirou de nós o que Maria Rosa e Benedito nos deram como base e educação.

À minha Diocese, na pessoa de nosso Bispo Dom Derek John Christopher Byrne, SPS, que me autorizou, apoiando-me nesta jornada.

Aos meus vigários paroquiais, Padre João Roberto, Padre Nilton Ferreira de Oliveira, ao Seminarista Lucas Lamancusa, à Prof. Iara Sirlene Amorim Montagner, ao povo a mim confiado e outros que souberam respeitar minhas ausências, contribuindo muito para que chegasse na reta final da escrita desta dissertação.

Ao meu professor e orientador, Prof.-Dr. Abimar Oliveira de Moraes, pela paciência, carinho, acompanhamento, sabedoria na orientação e motivação nesta caminhada.

Aos amigos e às amigas de caminhada no projeto PUC-Rio/UNIFACC MINTER que enfrentaram junto comigo esta empreitada, mesmo diante da pandemia.

Às professoras, aos professores, à equipe do Departamento de Teologia da PUC-Rio que me acompanharam nas disciplinas, ajudando-me a chegar ao tema da minha dissertação.

O presente trabalho foi realizado com apoio da CAPES, dentro do Projeto PUC-Rio/UNIFACC MINTER. Agradeço a ajuda e solidariedade.

Sumário

Abreviaturas, 9

Prefácio, 11

Introdução, 13

Capítulo 1 | A identidade presbiteral a partir do Vaticano II, 21

1.1. Múnus presbiteral – Construção e "esvaziamento", 27

1.2. O "homem presbítero" – Vocação e "profissão", 39

1.3. Ministério presbiteral – Antropologia, eclesiologia e pastoral, 48

Capítulo 2 | Testemunho, sentido e identidade – Atualidade presbiteral, 59

2.1. O ativismo presbiteral – Problemas cotidianos, 67

2.2. A obediência – Pertença ao Reino, 70

2.3. A castidade – Fidelidade e doação, 74

2.4. A pobreza – Doação total de si, 78

Capítulo 3 | Ética do cuidado – Do essencial ao ideal, 82

3.1. Vivência espiritual e missão pastoral, 89

3.2. Construção do caráter presbiteral, 107

3.3. Integridade ministerial e fidelidade sacramental, 115

3.4. Responsabilidade presbiteral e transparência pastoral, 120

3.5. Santidade presbiteral e formação integral, 127

Conclusão, 137

Pósfácio, 145

Referências bibliográficas, 147

Abreviaturas

CEC – Catecismo da Igreja Católica
CNBB – Conferência Nacional dos Bispos do Brasil
DAp – Documento de Aparecida
DH – Denzinger
DM – Documento de Medellin
DP – Documento de Puebla
DMVP – Diretório para os Ministérios e Vida dos Presbíteros
DV – Constituição Dogmática *Dei Verbum*
EG – Exortação Apostólica *Evangelii Gaudium*
ES – Carta Encíclica *Ecclesiam Suam*
EN – Exortação Apostólica *Evangelii Nuntiandi*
EV – Carta Encíclica *Evangelium Vitae*
GS – Constituição Pastoral *Gaudium et Spes*
HS – Constituição Apostólica *Humanae Salutis*
LE – Carta Encíclica *Laborem Exercens*
LG – Constituição Dogmática *Lumen Gentium*
LS – Carta Encíclica *Laudato Si'*
NMI – Carta Apostólica *Novo Millennio Ineunte*
OT – Decreto *Optatam Totios*
PC – Decreto *Perfectae Caritatis*
PDV – Exortação Apostólica Pós-Sinodal *Pastores Dabo Vobis*
PO – Decreto *Presbyterorum Ordinis*
PR – Pontifical Romano
RD – Exortação Apostólica *Redemptionis Donum*
RH – Carta Encíclica *Redeptor Hominis*
RM – Carta Encíclica *Redemptoris Missio*
RJ – Rio de Janeiro
SC – Constituição Conciliar *Sacrosanctum Concilium*

SD – Santo Domingo
SCa – Carta Encíclica *Sacerdotalis Caelibatus*
ST – Suma Teológica

Prefácio

No final do ano de 2021, após um processo de investigação iniciado em 2020 junto ao meu projeto de pesquisa intitulado: "Ministérios de serviço: identidade, sacramentalidade, missão e contribuições pastorais", a dissertação de Eanes Roberto de Lima foi aprovada com reconhecimento do mais alto grau de excelência e, em 2022, indicada pelo Programa de Pós-graduação em Teologia da PUC-Rio para compor esta Série de Teologia.

As pesquisas do autor se desenvolveram no âmbito do Projeto de Cooperação Interinstitucional que o Programa em Teologia da PUC-Rio celebrou com a Faculdade Católica do Mato Grosso (FACC/MT). Eanes Roberto foi um dos candidatos selecionados para participar desse projeto aprovado pela CAPES, cabendo-me a honra de ser seu orientador ao longo de seu mestrado (MINTER).

Este livro é o resultado de seu trabalho de investigação. Ele debruça-se sobre um tema de grande atualidade e relevância para a teologia hodierna, a saber: as implicações pastorais da "ética do cuidado" sobre o ministério dos presbíteros católicos hoje.

De fato, quando em 2017 o Papa Francisco convocou o Sínodo para a Região Pan-amazônica, muito se falou sobre a necessidade de repensar a identidade dos presbíteros hoje. O mesmo tema reaparece no contexto do processo sinodal que a Igreja Católica é chamada a realizar até 2023. Na verdade, creio que este é um dos temas mais importantes no pós-Concílio, tanto para a Teologia Sistemática como para a Teologia Pastoral.

O Vaticano II, ao desejar aprofundar e apresentar a fé cristã como capaz de responder às exigências do nosso tempo, redescobriu o sacerdócio comum de todos os fiéis. Isto fez com que a noção de sacerdócio não pudesse mais ser vinculada à figura dos bispos e presbíteros de maneira exclusiva e imediata. Mas criou-se as bases para a consolidação de um laicato maduro e militante.

O mesmo Concílio apresentou o presbiterato como o colégio de colaboradores da ordem episcopal (*LG* 28). O Concílio entendeu que os presbíteros são chamados a exercer um ministério em comunhão com o ministério dos bispos. Tal ministério deve ser vivido na submissão e na comunhão com o bispo, em um âmbito de responsabilidade qualitativa e quantitativamente mais limitado do que o ministério episcopal.

Em teoria, as duas tomadas de posição teológicas do Concílio trariam consigo uma redução das atribuições pastorais do presbítero; agora divididas por ele com o bispo e com os leigos e leigas. Contudo, do ponto de vista pastoral, não foi o que aconteceu no pós-Concílio, pelo contrário. Fatores internos e externos à Igreja Católica fizeram com que o exercício do ministério presbiteral se configurasse como uma dura empreitada. Sem negar o testemunho heroico da maioria dos presbíteros, é preciso reconhecer que outros adoeceram, tornando-se incapazes, inclusive, de administrar pessoas, bem temporais e, até mesmo, se administrarem. Este é o objeto de estudo do livro de Eanes Roberto.

No presente livro, com inteligência, o autor consegue articular sua preocupação pastoral com a reflexão teológica, apresentando-nos um estudo de teologia pastoral acerca de quatro dimensões de cuidado que o presbítero é chamado a desenvolver: cuidado consigo mesmo, com os outros humanos, com as demais criaturas e com o próprio Deus.

O livro está articulado em três capítulos. No meu entender, através dos dois primeiros capítulos, o autor nos convida a chegar até o terceiro que apresenta linhas teológico-pastorais que nos ajudam a refletir sobre a importância da "ética do cuidado" para que o presbítero católico seja capaz de desenvolver sua missão à luz da identidade nova que o Concílio Vaticano II delineou para ele.

Julgo que o que está registrado neste livro seja rico e desafiador, tornando-se referencial para eventuais pesquisas sucessivas, bem como para as tantas ações de acompanhamento e formação de presbíteros que a Igreja Católica vem realizando.

Meus parabéns ao autor, às editoras Vozes e PUC-Rio, e ao Programa de Pós-Graduação em Teologia da PUC-Rio. Aos leitores e leitoras, desejo uma proveitosa leitura!

Rio de Janeiro, 30 de março de 2022
Prof.-Dr. Abimar Oliveira de Moraes
Professor Associado 1 da Pontifícia Universidade Católica do Rio de Janeiro (PUC-Rio)
Presidente do Conselho Diretor da Associação Nacional de Pós-Graduação em Teologia e Ciências da Religião (ANPTECRE)

Introdução

"A Igreja assiste, hoje, à grave crise da sociedade. Enquanto para a humanidade surge uma era nova [...]"[1]. Essas palavras do Papa João XXIII parecem ecoar até os dias atuais. Porém, elas marcam um grande momento na história, um antes e um depois, um passado marcado por grandes guerras e um presente cheio de conclusões seculares, materialistas, conferindo razão ao comunismo implantado em alguns lugares e ao capitalismo que impõe também suas regras, deixando um rastro desordenado em aspectos sociais no mundo todo. Neste meio encontra-se a Igreja, com suas limitações humanas, mas munida com a força do Espírito, encontrando forças para dar uma resposta à esta nova realidade apresentada. O novo Concílio, no seu todo, torna-se como um "interruptor", acendendo uma luz para o renovar, iluminando o passado, contudo, valorizando o importante, oportunizando ao mundo conhecer, não uma nova Igreja, mas uma Igreja real que sabe ler os sinais dos tempos, abastada da Palavra, contínua na denúncia das injustiças e a proclamar a Boa-nova do Reino, mesmo aparentemente abalado com as mudanças do tempo.

Dialogar com a atualidade torna-se um marco do Concílio, manifestando, então, sua eterna preocupação com o ser humano integral para assim resgatar a sua verdadeira dignidade. E não há como conceber tudo isso sem se preocupar com a condução desta Igreja, que se doa por aqueles chamados por Deus para exercer este mandato.

O presente trabalho apresenta uma reflexão sobre o ministério presbiteral à luz do Vaticano II, passando pelos diversos documentos oriundos deste tempo até a atualidade. A figura do presbítero sempre esteve ligada ao termo sagrado, não sendo utilizada somente para designar aquela pessoa responsável pelo templo no Antigo Testamento, bem como a figura sacerdotal do Novo Testamento compreendida, apenas, a partir de Cristo, mas também aquela figura que, desde os

---

1. HS 1616.

primórdios dos tempos, nas sociedades mais primitivas, esteve ligada aos diversos ritos e sacrifícios. Em todas as culturas, e de modo religioso, o presbítero foi uma peça importante na condução dos princípios e deveres determinantes do bom andamento de um povo e de muitas instituições. Assim, não há como elencar os diversos tipos de sacerdócios, pois estão em todas as culturas.

O sacerdócio, neste trabalho, será visto na figura do presbítero e durante todo o texto assim será chamado. Visto a partir da tradição judaica, com o passar do tempo foi adquirindo outras características, proporcionando chegar ao presbítero cristão e católico, expressado para nós, em especial, nos Salmos e na Carta aos Hebreus (Sl 110,4; Hb 5,7). Cristo é o Sumo e Eterno Sacerdote e, através deste sacerdócio, faz de todo batizado participante da mesma graça. Mesmo assim, Cristo "chamou quem Ele quis" (Mc 3,13) para assumir consigo a missão do Reino. Destes escolhidos, chega-se aos que exercem o ministério presbiteral nos dias de hoje. Aqueles que "pelo Sacramento da Ordem configuram-se ao Cristo Sacerdote como ministros da Cabeça chamados para auxiliar a construção, edificando todo o seu corpo, que é a Igreja"[2].

Os primeiros passos na construção da identidade do ministério presbiteral serão delimitados pela pesquisa hermenêutica acerca dos temas a serem estudados, para, assim, confrontar a identidade do Presbítero a partir do Concílio com a da atualidade. Em uma análise inicial, lança um olhar para o ministério dentro de um enquadramento feito pelo documento conciliar: Decreto *Presbyterorum Ordinis*, logicamente, com os diversos documentos do próprio Concílio e outros que surgiram depois, ajudando a entender a nova realidade apresentada sobre o ministério e a vida dos presbíteros em confronto com a Ética e a visão de presbítero construída no pós-concílio. O enquadramento do pós-concílio será feito pela análise ético-pastoral dos escritos pontifícios em relação aos presbíteros e à sua formação, bem como o uso de obras que foram surgindo sobre o assunto posteriormente.

"O ministério presbiteral está intimamente relacionado com a autocompreensão da Igreja"[3]. Houve mudanças nos aspectos que identificam o ministério presbiteral, bem como seu valor para a Igreja. A identidade de ambos passa por um sistema de renovação questionadora sobre o existir e o agir no mundo, gerando muitas dúvidas. O Vaticano II, sem intenção, lança a problemática pastoral e existencial, mas não deixa de valorizar o agir e o ser do presbítero como realidades teológicas inseparáveis. Porém, a teoria é uma coisa e a prática é outra bem dife-

---

2. PO 12

3. HACKMANN, G.L.B. *Introdução*, p. 1.091.

rente. A teoria ilumina o que é real, no entanto, a grande problemática lançada desde o início parece chegar até os dias atuais com todas as características de seu tempo, ou seja, a realidade torna-se bem outra quando não se questiona a mudança, ou o que ela pode causar.

O Concílio Vaticano II reafirma a imagem do presbítero antes vista nos concílios anteriores, mas uma crise se ordenou após a apresentação ao mundo e ela não se deu somente na ordem teológica, mas de forma existencial e, com isto, acarretou, para muitos, o abandono do ministério. Muitos por não se sentirem fundamentados a permanecer abandonam o ministério, pois não conseguem trabalhar isto dentro de uma situação mudada. No entanto, posteriormente, as razões apresentadas pelos textos conciliares começam a tomar corpo quando outros trabalhos vão dando razão ao que propõe o Vaticano II; assim, o novo Concílio começa a iluminar o ministério presbiteral e um conhecimento maior – tendo a Palavra de Deus como verdadeira e inspiradora – abre o debate para o futuro, ajudando no crescimento e promovendo uma formação mais precisa e real para o ministério[4].

A relação entre o presbítero e a Igreja se situa em uma realidade que ultrapassa a categoria simplesmente existencial. O fato de se configurar a Cristo (Cabeça) não tira do presbítero a necessidade de se ver configurado à Igreja (Corpo). Sua identidade se dá não por *status*, mas pelo dom exercido a partir de uma postura ética/pastoral que determina a intensidade da resposta diante da missão confiada por Deus na Igreja.

Dessa forma, a construção da identidade presbiteral passa por um período constante de formação tanto pessoal, humano-afetivo, intelectual, espiritual e na construção dos verdadeiros valores que expressam a vontade de crescimento diante de Deus, da Igreja, do próximo. Assim, a consequente necessidade formativa determina o crescimento ético, em todas as dimensões, do indivíduo que busca configurar-se a Cristo, à Igreja e à responsabilidade pastoral, não como um aspecto profissional, mas como participante essencial no projeto do Reino.

Perante tais afirmações, a presente pesquisa terá como objeto material e formal o diálogo entre a identidade do Ministro Ordenado, as afirmações do Concílio Vaticano II, os diversos documentos e as discussões originados posteriormente em confronto com a Ética que leve a um entendimento, gerando a consciência do cuidado como um todo (de Deus, de si, do outro, da Igreja, da criação). Do ponto de vista formal, o objetivo será analisar os desafios éticos/pastorais na construção da identidade do ministro ordenado católico. Desafiar o ministro ordenado

---

4. RATZINGER, J. *Compreender a Igreja hoje*, p. 67.

a compreender que ele tem uma identidade a ser construída a partir de um olhar muito mais abrangente, começando não somente com o chamado, mas na construção com o tempo, na busca incessante de se formar e se deixar ser formado.

Dessa forma, o presente trabalho tem como essência a relação entre a construção da identidade presbiteral através do agir diante do que foi oferecido dentro e no pós-concílio e o que oferece a atualidade com sua problemática e conquistas. Diante desta relação, deseja-se destacar os pontos ou características intrínsecas da formação do presbítero, desde o início de sua caminhada vocacional. Estes pontos destacados iluminam a pesquisa e determinam a natureza do estudo.

O primeiro ponto a ser destacado é a "identidade", porque ela é determinante e está diretamente relacionada à pessoa do presbítero. Quando a pessoa sente o chamado à vocação, já vem com um princípio de identidade formada no seu caráter proveniente da sua raiz familiar, bem como da construção dos seus primeiros passos na caminhada de fé desde o seu batismo.

Essa identidade carrega em si aquele movimento de características, permitindo individualizar a pessoa do presbítero desde os primeiros passos de sua vida, bem como aqueles acontecimentos que mostraram sua caminhada na vida da Igreja. Existe uma direção a ser tomada: o início (chamado), o meio (resposta), o fim (a obra, o resultado); tudo isto é fruto de experiências concretas realizadas no decorrer da vida, estabelecendo, mediante conquistas e fracassos, a pessoa do presbítero.

A construção dessa identidade passa pela formulação de princípios básicos determinantes que regem a vida, bem como o caminhar do ser disposto a ser um ministro ordenado para a Igreja. A Igreja, enquanto instituição, vê-se munida deste compromisso de oferecer meios para fortalecer o conhecimento, fazendo uso de diversos documentos (decretos, encíclicas, cartas, dissertações, teses, artigos, obras teológicas etc.).

Pode-se afirmar que o comportamento humano é disciplinado pela ética, visando orientar da melhor forma possível, mediante um conjunto de normas e valores etc., a vida humana em todas as esferas de relação: humana, social, comunitária, eclesial etc. Aqui, intenta-se discutir, dentro do âmbito eclesial na construção da identidade do presbítero, os princípios básicos e éticos que ajudarão na identificação dos pontos primordiais relevantes à formação do caráter, bem como da postura do presbítero frente às necessidades pastorais propostas pela Igreja.

Assim, o agir pastoral do presbítero concorda com a sua conduta diante daquilo proposto. Nenhum presbítero é formado para fazer nada. Desde o princípio do chamado, ele é convidado a realizar algo a ver com a essência do que se propõe a ser. Por isso, cabe a ele, sempre, a disposição de cuidar, administrar, apresentar resultado ao que foi entregue nas mãos, desde o momento de sua ordenação diaconal (primeiro grau da Ordem) quando, pelo dom recebido, propôs-se a fazer o mesmo que Jesus fez: "servir".

A partir do Vaticano II, recupera-se a visão do papel de um presbítero ser mais voltado para o serviço (ministério) que para uma posição de *status*, ou simplesmente um grau hierárquico, o qual reduziria, em muito, a pessoa do presbítero, comparando-o somente ao grau antecedente ou sucessor. Existe uma crise a ser enfrentada, conduzindo à seguinte compreensão: a importância do presbítero se dá pelo vínculo, proposto por ele mesmo, em relação à comunhão e missão recebida dentro da Igreja, a Igreja universal nos seus caracteres continentais, regionais e particulares.

Para uma melhor compreensão e entendimento a respeito da construção da identidade do presbítero em relação à caminhada formativa iluminada pelo Vaticano II, os documentos e as obras posteriores sobre o assunto subdividirá o trabalho, direcionando seu estudo através de três capítulos que apresentam, de forma gradativa, o contexto da identidade presbiteral sob a luz do Vaticano II, sabendo-se isto como uma "práxis desejada"; O Testemunho, sentido e identidade – Atualidade presbiteral, visto como uma "práxis encontrada"; e a ética do cuidado – Do essencial ao ideal, dentro de um contexto de "práxis esperada".

O primeiro capítulo trabalhará, de forma mais direta, a identidade do presbítero dentro dos documentos conciliares. Não se pode declarar que a pessoa do presbítero, ou do ministro ordenado, não teve importância antes do Concílio Vaticano II, "Não", a Igreja sempre procurou demonstrar tal importância, e por causa disso se preocupou em deixar detalhada tal importância nos seus próprios documentos. Ser presbítero não é ter uma profissão, mas é construir, de forma gradativa, uma compreensão do chamado, determinando assim, de forma mais consistente, os aspectos essenciais que vão expressar a verdadeira identidade do presbítero.

O segundo capítulo pretende trabalhar já compreendida a identidade e fortalecida pelas certezas, bem como valores apresentados pelo Concílio Vaticano II, o que, na prática, pode-se encontrar na vivência do ministério, no dia a dia do presbítero. A manutenção desta identidade perpassa pela busca incessante deste mistério, deixando de lado o ativismo através do contínuo contato dentro da vivência espiritual com a Palavra de Deus, com a oração, em uma íntima relação com o Senhor e com o próximo. Através dos conselhos evangélicos, busca se dar destaque a uma problemática atual, sem deixar de ressaltar a importância que cada conselho tem para a vida do presbítero. A formação permanente, ordinária e extraordinária e a busca de santidade são essenciais nesta construção, firmando o presbítero para que não fuja do cotidiano, mas faça dele um lugar para exercer sua verdadeira missão.

No terceiro capítulo pretende-se indicar aqueles princípios básicos, partindo da ética do cuidado e apontando, através de uma mistagogia própria do presbítero, o caminho a ser percorrido abarcado pelo mistério, entendendo a necessidade de uma prática que une o espiritual e a missão pastoral. A partir daí, entender o caráter presbiteral identificando a pessoa, configurando-a a Cristo, de forma integral através de um testemunho verdadeiro, construído, sem perder de vista a Deus, a própria pessoa do presbítero, a pessoa do outro e, de uma forma muito mais abrangente, toda a criação. Compreendendo que a importância de sua identidade presbiteral, baseada em certos valores, contribui não só para uma resposta verdadeira, mas torna possível, diante dos desafios oferecidos pelo mundo, uma valorização sempre maior do ser presbítero em relação ao ser homem no mundo de hoje.

Portanto, o presente trabalho tem como método a pesquisa hermenêutica que parte da análise dos documentos do Concílio Vaticano II, em especial os que dizem, mais diretamente, sobre a vida e missão do presbítero. A partir do Vaticano II lança-se um olhar para a posteridade e busca-se, com a ajuda de diversos documentos e bibliografias sobre o assunto, destacar as fontes de crescimento e maturidade presbiteral, bem como as dificuldades encontradas com as mudanças a serem trabalhadas por cada presbítero e o que isto acarreta na construção de sua identidade presbiteral até chegar na atualidade com todas as suas interrogações e problemática. A atualidade leva a um "cuidado" mais consciente em conjunto com o todo, ou seja, uma conexão que parte daquilo que o Concílio oferece como luz e o que vem depois, com as diversas obras e estudos apresentados sobre o assunto até chegar na atualidade com a "ética do cuidado" que oferece não só a preocupação com o todo criado, mas, em especial, com o ser humano na sua individualidade e, no caso do presente trabalho, aquele chamado por Deus para exercer o ministério presbiteral.

Um mundo que oferece várias opções aos olhares daqueles que se propõem a seguir este ministério é o mesmo que vai oferecer as diversas formas de possibilidades de crescimento. Haverá sofrimento e a vida presbiteral parecerá difícil, mas é ao longo dessas singulares "periferias" que se realiza a nossa formação contínua; e é colocando-nos à escuta da dor do mundo que somos provocados a reconhecer e chorar verdadeiramente os nossos fracassos e contradições, e a aprender também com os nossos erros[5].

---

5. CENCINI, A. *Abraçar o futuro com esperança – O amanhã da vida consagrada*, p. 93-94.

A Igreja, comunidade e destinatária dos presbíteros, está diante destas diversas realidades seculares, anos e anos de história, conflitos, e muitíssimas conquistas. Isto se deve ao trabalho silencioso e árduo de muitos que, da sua "cruz", pedem água, sentem dor, morrem, mas também ressuscitam no tempo e na história, como exemplo de um silêncio que grita a vida e não a morte. Isto é visto no "silêncio" oportuno e salvador de Pio XII, diante da Segunda Grande Guerra; na audácia do ancião João XXIII, demonstrando sabedoria ao anunciar a abertura do novo Concílio; na perspicácia e sapiência de Paulo VI em conduzir, acender uma luz e entregar o resultado do Concílio para o mundo; no sorriso de João Paulo I, mostrando o que de bom estava por vir; no novo chegando do trabalho árduo e contínuo de João Paulo II que, com discernimento, soube falar com o mundo, destruindo a "guerra fria", derrubando "muros" e conseguindo chegar ao coração das famílias e dos mais jovens para indicar uma Igreja, também jovem, necessitada de diálogo, de unidade e de paz. Posteriormente, os últimos pastores: Bento XVI que, com teologia e audácia, soube deixar, no tempo oportuno, os cuidados da Igreja a Francisco, o qual vem cuidando, de todas as formas, daquilo que é essencial, da criação como um todo, da Igreja de Cristo. No meio de tudo isso, estão aqueles que respondem com suas vidas aos clamores do Pastor, identificando-se com Ele, doando-se, buscando ser felizes no ministério, na consecução de uma identidade autêntica que parte da essência de uma verdadeira caridade pastoral.

Capítulo 1 | A identidade presbiteral a partir da luz do Vaticano II

Ouvir o "siga-me" faz parte da vida do homem que escuta o chamado do Senhor, pois foi do mesmo jeito o chamado para os apóstolos. De acordo com os evangelhos, o Senhor escolheu aqueles que Ele quis e os chamou para estar com Ele. Quando os enviou a pregar, conferiu a eles o poder de expulsar demônios, curar qualquer doença; então, os enviou com instruções surpreendentemente precisas: disse a eles para onde ir, o que não levar, como proceder (Mt 10,10; Mc 6,9; Lc 3,11; 9,3).

Mas não menos impressionante é o fato de Jesus Cristo anunciar, igualmente, as dificuldades e perseguições vividas por seus discípulos. Mais tarde, por ocasião da Última Ceia com seus discípulos, Ele fez com que participassem de seu sacerdócio, conferindo-lhes a graça do ministério presbiteral. Finalmente, após a ressurreição, os enviou por todo o mundo com a missão de batizar todas as nações, o poder de perdoar pecados. Tudo está relacionado ao ministério presbiteral e à identidade do ministro, que teria a missão de enfrentar as situações vindouras com coragem e disposição.

O sacerdócio de nosso Senhor Jesus Cristo – desde sua humilde encarnação no seio de Maria, seu nascimento na pobreza da manjedoura, até sua dolorosa paixão e morte – mostra um cristianismo centrado no despojamento e no sacrifício do sangue derramado. A história se encarregou de testemunhar isso e, o testemunho, inspirado pelo Espírito, suscitou a abertura do Concílio Vaticano II, o qual olha para a história encarregando-se de observar de maneira mais precisa, mesmo diante das dificuldades, a identidade ministerial. O homem chamado a exercer o ministério presbiteral se vê envolto desta realidade, e a Igreja sente a necessidade de olhar mais de perto tudo isto e lança a missão para o futuro sem fugir daquilo que o dia a dia da vida do Povo de Deus clama sem cessar. Não existe só mudança, e sim realidade presente carregada de mistério, mas também de necessidades que só serão bem conduzidas através de um ministério bem formado e voltado para as coisas de Deus ali, onde Ele mesmo está, junto aos mais carentes e necessitados.

O grande problema, proposto ao mundo, depois de quase dois milênios, continua o mesmo. Cristo sempre a brilhar no centro da história e da vida; os homens ou estão com Ele e com a sua Igreja, e então gozam da luz, da bondade, da ordem e da paz; ou estão sem Ele, ou contra Ele, e deliberadamente contra a sua Igreja: tornam-se motivo de confusão, causando aspereza nas relações humanas e perigos contínuos de guerras fratricidas[6].

Assim, observa-se que, no início, a missão e a vida dos presbíteros foram difíceis. Os apóstolos se desdobraram como ovelhas no meio de lobos, em um ambiente duplo: paganismo e judaísmo. Perante a esses dois cenários, eles suportaram as perseguições e as condições, testando-os na fidelidade de seu ministério.

Na atualidade se testemunha um "neopaganismo" um pouco mais complexo, porque reúne uma série de preconceitos sobre o cristianismo, embora de uma forma não tão clara, mas expressando as dificuldades surgidas desta realidade para o exercício da missão presbiteral que é, sem sombra de dúvidas, promover o bem comum e semear a paz.

A questão não é apenas religiosa, é também antropológica, sociológica e ética. As religiões buscam se afirmar com poderes éticos que as capacitem para orientarem o comportamento das pessoas, influenciando no complexo social. Mas alguns poderes éticos são integradores e fortalecem a solidariedade social, enquanto outros desintegram as relações sociais, semeiam posturas intolerantes e agressivas. Onde isso acontece, a religião descaracteriza-se em sua própria essência: ser portadora de paz[7].

É provável que o mais preocupante seja a crescente indiferença religiosa apresentada hoje como um "crer sem pertencer", um fenômeno de "confissão" do homem religioso, afastando-se de qualquer forma de estrutura institucional. Proporcionalmente, é inegável que novos códigos de secularização contemporânea, com suas formas neopagãs, desafiam tudo e têm seus efeitos, mesmo dentro da própria Igreja, não apenas com respeito à vida dos fiéis leigos, bem como para o ministério presbiteral, também questionado. Diante de tal estado de coisas, certamente muitos padres sofreram a experiência com perplexidade e, de certa forma, com uma preocupação no coração.

---

6. JOÃO XXIII, PP. *Discurso na solene cerimônia de inauguração do Concílio Ecumênico Vaticano II*, 4-5.

7. WOLFF, E. Caminhos de Diálogo, Pluralismo Religioso: Horizontes Abertos, Editorial, p. 5.

Sempre foi assim, tem sido e sempre será difícil viver o ministério presbiteral na fidelidade à missão confiada, em meio a circunstâncias que não ajudam. Mas, isso não pode intimidar, assim como para os apóstolos. O Senhor, ainda hoje, confere aos seus presbíteros uma identidade luzidia, chamando-os – como estão – para estar com Ele na Igreja, e da Igreja os envia para onde devem ir, orienta sobre a inexistente bagagem, o procedimento do servo.

A cultura católica criada pela Igreja, suportando-a durante tantos séculos, entrou em crise profunda, principalmente diante da Segunda Guerra Mundial. O fim da guerra também supôs a afirmação no mundo começando a se reconstruir dos modelos seculares de sociedade.

Quando essa guerra acabou, não custou nada mais e nada menos que cinquenta milhões de vidas; e não foi como tradicionalmente acontecia, um confronto entre Estados. Dessa vez, a guerra foi entre modelos, porque o da modernidade era fazer entender o mundo como modelo. A ideia iria deslocar a realidade, pois, o homem, com sua razão, impôs a verdade. Porém, nesse meio está o indivíduo com a missão de continuar a ser presença de Deus no caos, não permitindo que a guerra mate o essencial na vida da pessoa; ou seja, a presença de Deus. É homem saído do meio do povo e é presbítero para o povo como sinal de Deus e Salvação para todos.

> "Fiz-me tudo para todos, para salvar a todos" (lCor 9,22). Não é de fora que salvamos o mundo; assim como o Verbo de Deus se fez homem, assim é necessário que nós nos identifiquemos, até certo ponto, com as formas de vida daqueles a quem desejamos levar a mensagem de Cristo; é preciso tomarmos, sem distância de privilégios ou diafragmas de linguagem incompreensível, os hábitos comuns, contanto que estes sejam humanos e honestos, sobretudo os hábitos dos "mais pequenos", se queremos ser ouvidos e compreendidos[8].

Haveria então as ideologias que, por trás de um gnosticismo sempre atual, assumiriam um valor escatológico absoluto: Nacional-Socialismo, Marxismo-Leninismo e Plutocracia Anglo-americana. Como elas eram, em si mesmas, modelos fechados por trás do escatológico, não podiam ser reconciliadas. A única solução seria o confronto. E a Segunda Guerra Mundial veio, de 1939 a 1945.

Por trás dos modelos, os países e a Igreja estavam alinhados, mas apenas ela poderia clamar por paz. Finalmente a paz veio, porém a composição do mundo, distribuída de acordo com modelos seculares da sociedade, triunfou: o marxis-

---

8. ES 49.

mo-leninismo, influenciando toda a Europa Oriental e a China; e o anglo-americanismo, influenciando a Europa Ocidental, o Japão e a América Latina.

Nesse momento, era preciso lutar contra os espaços de poder, mas a partir de uma guerra que passou a ser chamada de "fria". Não houve confronto armado convencional, apenas o embate de ideologias que, segundo circunstâncias e possibilidades avançadas para a infiltração ideológica, a partir daí chegam a atingir os espaços de poder.

Gramsci, aos poucos, desalojou Lênin. A revolução cultural estava tomando conta do cenário sociopolítico, buscando deixar o confronto para estabelecer a convergência. Desde o pacifismo e democracia, um "eurocomunismo" era possível.

Na América Latina, a questão se complica com o triunfo da revolução marxista em Cuba. Por trás do mito de "Che Guevara" e as decisões políticas tomadas em Havana em 1960 pela Organização Latino-Americana para o Socialismo (OLAS), avança o projeto de infiltração subversiva, caracterizando a quente América Latina dos anos 1960.

Puebla retomou a tentativa de resolver um confronto ideológico, marcando um certo "equilíbrio", como pretendia o Concílio nas palavras de Paulo VI. Finalmente, no discurso de abertura da III Conferência Geral do Episcopado Latino-americano realizado em Puebla em 1979, sob o lema da "Evangelização no presente e no futuro da América Latina", o recém-eleito Papa João Paulo II disse:

> É um grande consolo para o pastor universal notar que vocês se reúnem aqui, não como um simpósio de especialistas, não como um parlamento de políticos, não como um congresso de científicos ou técnicos, por mais importantes que possam ser esses encontros, mas como um encontro fraterno de Pastores da Igreja. E como pastores, vocês têm a consciência de que nosso dever principal é ser professores da verdade. Não de uma verdade humana e racional, mas da verdade que vem de Deus; que traz consigo o princípio da autenticidade da libertação do homem: "Você conhecerá a verdade e a verdade vos libertará" (Jo 8,32); aquela verdade que é a única a oferecer uma base sólida para uma "práxis" adequada[9].

Enquanto isso, as mais variadas "eclesiologias", ou tentativas de reinterpretar a Igreja, emergiam como respostas de confronto ou interpretações ao Concílio Vaticano II, formando um compêndio de documentos somado à riqueza que é a Igreja de Jesus Cristo. De qualquer forma, nessa Igreja deliberada antes e depois

---

9. DP, Discurso Inaugural, Mestres da Verdade.

do Concílio, diversas posições surgiram, algumas francamente extravagantes, outras buscando retornar, outras tentando interpretar da melhor forma a vontade do Concílio, outras distorcendo por mal interpretação.

Essa era, no entanto, uma realidade superficial porque, dentro da Igreja, o Espírito Santo continuou a iluminar. Pouco a pouco novos movimentos e associações eclesiásticas surgiram, tentando resgatar espaços para que os Cristãos pudessem viver a experiência de sua comunhão com Deus, podendo, a partir daí, assumir, como leigos, o compromisso de uma vocação e missão colocada a serviço da Igreja. Com o Catecismo da Igreja Católica e o Código de Direito Canônico, João Paulo II percebeu lucidamente este fato, propondo, assim, encerrar efetivamente o Concílio definindo a Doutrina e a Disciplina da Igreja.

Nesse mar de afirmações e negações, do secularismo ou sacralidade, do historicismo ou essencialidade, do compromisso político ou ação pastoral, do progressismo ou conservadorismo, da Igreja querigmática ou Igreja institucional, do ecumenismo ou catolicidade, a vida de fé dos cristãos foi debatida, surgindo imagens diversas e contraditórias à Igreja.

Os presbíteros dessa geração foram treinados na Igreja concebida segundo Trento, porém, tinham que exercer o ministério presbiteral na Igreja do Vaticano II; entraram no seminário logo após a Segunda Guerra Mundial e saíram quando a "guerra fria" estava em pleno andamento.

Quase todos tinham sido comprometidos em suas paróquias, nos diversos mecanismos e organismos de trabalho pastoral, formados como leigos na linha de um pensamento tradicional, buscando afirmar as raízes "na abnegação e na ativa caridade" como verdadeira Igreja, Povo de Deus[10].

Tiveram de enfrentar o início da revolução cultural. Rejeitaram Lênin e ainda não sabiam quem era Gramsci. Aos poucos, foram imersos em um processo dramático de ataques ideológicos, tomando a forma de confrontos armados por trás da utopia da revolução cultural e da dialética da "libertação ou dependência".

Muitos presbíteros, desnorteados e moralmente falidos, deixaram o ministério; muitos, confundindo sua missão com ideologias, engajaram-se em compromissos políticos; no entanto, muitos tentaram manter na consciência o *sacerddos in aeternum*, conseguindo, dessa maneira, seguir adiante, enfrentando as dificuldades, vencendo esta crise.

Essa geração viu muitos sucumbirem, outros se desorientarem, e vários seguindo seu ministério, tornando-se bispos. Só o tempo pode revelar quem acertou e quem errou; com todas as intenções salvas, pouco a pouco, entende-se o que

---

10. LG 10-11.

diz o apóstolo: "desde já somos filhos de Deus, mas nem sequer se manifestou o que seremos. Sabemos que, quando Jesus se manifestar, seremos semelhantes a Ele, porque o veremos tal como ele é" (1Jo 3,2).

O presbítero está plantado entre a terra e o céu, entre o que é sagrado e profano, entre o homem e a Igreja, entre o mundo e Deus. Ele deve, por sua ordenação presbiteral, prolongar e atualizar, no meio dos homens, seus irmãos, o sacerdócio de Cristo. Como tornar sua função presbiteral verdadeiramente ministerial na sociedade moderna? A resposta está na missão e testemunho que cada presbítero deve desempenhar, bem como a consciência do ser ministerial.

O tema do "testemunho" iluminará e proporcionará sentido a esta necessidade de estabelecer uma Igreja missionária. Não há como fazer "missão" sem dar testemunho. E este princípio vale tanto para os presbíteros quanto para leigos. Embora o presbítero promova testemunho com sua vida diante de sua crença, o ministério presbiteral como tal mostra uma função que determina e especifica um estado de vida.

Existe, portanto, uma postura positiva em relação ao mundo. Trata-se de salvaguardar e ensinar, de forma cada vez mais eficaz, o sagrado depósito da doutrina cristã, para que, a partir dele, o Concílio alcance os múltiplos campos da atividade humana, referindo-se ao indivíduo, à família, à sociedade. Mas esta missão imposta pelo Papa João XXIII ao Concílio deve ser realizada, cuidando para que a Igreja não se separe do sagrado patrimônio da verdade recebido dos padres, olhando para o presente e considerando as novas condições e formas de vida introduzidas no mundo moderno, abrindo novos caminhos para o apostolado católico.

O Concílio coloca a Igreja em atitude de diálogo diante da modernidade. Os documentos conciliares apontam, então, na direção certa. O Evangelho deve estar encarnado, o que exige buscar entendimento para renovar, purificar o mistério de Deus e a sua revelação na própria Igreja. Portanto, fiel aos objetivos propostos, procura, de forma particular, prever a reforma em diversos aspectos, em especial, colocando o ministério presbiteral diante dos desafios, os quais podem ser encontrados em todos os documentos conciliares.

Todos esses documentos promulgados pelo Concílio colocam a Igreja face ao múltiplo desafio de rejuvenescimento espiritual, renovação institucional, unidade eclesial e de inculturação[11]. O ministério presbiteral está inserido em todo este contexto.

---

11. PO 9.

1.1 Múnus Presbiteral – Construção e "Esvaziamento"

"Toma consciência do que vais fazer"[12].

O tema da Ética sempre foi um assunto discutido em praticamente todas as esferas sociais, políticas, profissionais e religiosas. Não há como conceber um bom andamento das coisas sem uma tomada de consciência deste pensamento ético direcionando, de forma correta, aquilo que se propõe fazer.

A Igreja passou por vários momentos de crise interna e externa; ou seja, dentro, enquanto instituição e, fora, diante daqueles problemas oferecidos pela atualidade que o mundo oferece. Há várias décadas enfrenta problemas nas esferas sociais, políticas e religiosas, e hoje, de forma bem transparente, a crise nas esferas ambientais e sanitárias relacionadas à pandemia do século XXI que tomou conta dos quatro cantos do mundo. Ainda há a questão da fé que, ainda hoje, confronta o "Iluminismo", que promoveu a separação da Igreja e do Estado e, de todas as formas, defendeu o uso da razão como único condutor da vida humana, bem como o "Materialismo", que deu destaque à inexistência de Deus na vida humana, colocando a matéria, movida pela ação humana, como fonte de toda vida natural, social e mental. A questão é que o "homem vocacionado" está inserido nestas realidades e é daí, com todo o esforço, que a Igreja tem que acolher, formar e preparar o indivíduo para o enfrentamento das problemáticas que o mundo oferece.

Por isso, a questão ética, dentro da esfera do religioso, não pode deixar de ser discutida, pois faz parte da vida, do bom andamento de qualquer ação; por isso, considera-se imprescindível para aqueles que têm a missão de promovê-la. O *ethos* sempre foi discutido na esfera religiosa por causa da própria filosofia determinante dele, como conjunto de valores de um grupo ou indivíduo; sendo assim, faz parte da vida da Igreja, a qual tem a missão de resgatar esses valores na vida do indivíduo, bem como no incentivo diário, oferecendo a ele a possibilidade de construir uma comunidade mais justa, solidária e voltada para o bem comum. A ética nunca promoveu o egoísmo; ao contrário, na atitude do indivíduo constrói-se o todo e todos. Isto se torna missão da Igreja: construir o indivíduo e através dele fortalecer os laços de unidade que une todo o povo.

> As condições do tempo presente tornam mais urgente este dever da Igreja, a fim de que os homens todos, hoje mais intimamente unidos por laços sociais, técnicos e culturais, alcancem também a plena unidade em Cristo[13].

---

12. PR 135.

13. LG 1.

O presbítero faz parte de uma instituição religiosa que já tem quase dois milênios de história. Em cada momento histórico, ela procurou, lendo os sinais dos tempos, manter ativa a unidade, vivida, desejada por Cristo: "que eles sejam um como eu e o Pai somos um" (Jo 17). A fidelidade apostólica sempre buscou, de todas as formas construir e fortalecer, desde a Igreja nascente, esta unidade. Muitos derramaram seu sangue como o Cristo, prevalecendo a sua vontade até os dias de hoje, com muita persistência, luta e testemunho.

O caminho sempre foi marcado por momentos que permitiram refletir, dessa maneira, construir certos pensamentos cujo objetivo é o de promover a vida humana e sua relação com a sociedade. Na história, tomando como base somente a Era Cristã, vê-se vários momentos que deixaram marcas na vida e na caminhada da Igreja: as Cruzadas, a Santa Inquisição, o patriarcado, as descobertas de novas terras, as grandes guerras, os concílios, os papados etc. Em tudo isso se vê, de alguma forma, o envolvimento de alguma pessoa que, à frente de uma missão, de uma tarefa ou de um serviço, foi, ou esteve, ou está responsável para bem conduzir e deixar ali, em nome do Cristo, a marca do amor e da justiça divina, selo indelével no coração da Igreja que "só estará em condições de cumprir a sua missão em relação ao mundo se – apesar de toda a fraqueza humana – mantiver a sua fidelidade a Cristo"[14].

Assim, a fidelidade deve marcar toda a caminhada presbiteral ressaltando as atitudes éticas e pastorais, as quais não são obrigações somente destinadas ao povo de Deus. Essas atitudes se fazem, não somente, no reto agir e proceder, mas é, de todas as formas, compromisso com a vida que fora dada e preservada na Cruz assumido no momento da ordenação, não como peso de obediência, mas de entrega total para fazer com que o Pão da Vida e da Palavra chegue, sem desvios, ao coração do próximo.

> Podemos e devemos misturar-nos com o povo, sentar-nos no chão de um barraco, percorrer as vielas infectadas de uma favela, participar de um alegre encontro de jovens descontraídos, fazer esportes na praia... Mas devemos fazê-lo como Cristo faria em tais circunstâncias: com essa dignidade e essa simples nobreza de um filho predileto do nosso Pai, Deus do universo, Senhor dos senhores, Rei dos reis[15].

"Tirado do meio dos homens, é constituído em favor dos homens" (Hb 5,1). Impossível não fazer memória de tudo o que um dia, há tempos, sen-

---

14. JOÃO PAULO II, PP. *Carta a todos os sacerdotes da Igreja por ocasião da Quinta-feira Santa de 1979*, 2.

15. CIFUENTES, R.L. *Sacerdotes para o Terceiro Milênio*, p. 21.

tindo o chamado, o vocacionado se embebia de todas as riquezas descobertas, durante os diversos encontros vocacionais necessários para ingressar nos seminários e que, de certa forma, tocava o mais íntimo de sua alma, fazendo-o sentir aquela imensa vontade de se tornar realmente o que o chamado havia colocado no coração: ser presbítero é doação, entrega, vida, realização etc. "Exige particular integridade de vida e de serviço; [...] a compreensão profunda do sentido da existência humana e a capacidade de introduzir a ordem moral na vida dos indivíduos e dos ambientes humanos"[16].

Apesar da exigência exposta para vida presbiteral, quase sempre existiu o testemunho de um bom presbítero que fez grandes esforços para conduzir bem a sua paróquia, atendendo com carinho os doentes, tendo seu tempo precioso dedicado para ouvir as confissões do seu povo, celebrando com dedicação as santas missas e ministrando os outros sacramentos; mesmo que bravo e ranzinza às vezes, apresentando a sua radicalidade, mas sendo exemplo de dedicação e trabalho. Exemplo de vocação, batizando e casando praticamente a paróquia inteira, seguindo sua vida envolta em mistério e dedicação. Parecendo até jamais ficar nem doente, mas quando acometido de alguma enfermidade mais séria ou até mesmo a morte, a paróquia inteira se move e o sentimento de perda toma uma dimensão de tristeza, mas também de gratidão que impressiona a todos. Esses são os exemplos de presbíteros: dedicados, acolhedores, bravos, honestos, bondosos, misericordiosos, radicais, trabalhadores incansáveis, mestres, formadores, santos, desapegados, pobres, pastores, sábios, humildes, presentes etc.

As qualidades são muitas, mas nada é tão misterioso quanto o sentimento de um presbítero. Muitos são esquecidos na sua missão ou se deixam esquecer, e por causa disso acabam direcionando suas vidas para outras coisas aquém de seu ministério. Assumem tantas atividades, não vivendo mais, a não ser para o que fazem, esquecendo do lazer, de rezar, de participar mais de perto da vida de seu povo, de estar com seus irmãos de ministério, participar das ações pastorais de sua diocese, de viver o próprio carisma que um dia tocou à sua alma. Fecham-se em seu ativismo, esquecendo do mundo a sua volta. Morrem sozinhos, em solidão, porque constroem muralhas de afastamento e isolamento que impedem outros de entrar. Porém, há aqueles, dedicando suas vidas na doação, na partilha do dia a dia, na oração, no oferecimento diário de comunhão e de resposta ao sim que deram, quando quiseram seguir os passos do Cristo e serem outro Cristo para o seu povo.

---

16. JOÃO PAULO II, PP. *Carta a todos os sacerdotes da Igreja por ocasião da Quinta-feira Santa de 1979*, 4.

Portanto, o esforço parte exclusivamente da pessoa do ministro ordenado que, livremente, fez a opção de seguir os passos de Cristo com todas as suas forças e disposição. Porém, o tempo presente vem marcado por momentos que parecem ir contra aquilo determinado pela resposta ao chamado. A pessoa conquista com muito esforço, depois de muito tempo de formação dentro de um seminário, passando por duas faculdades, convivendo com muitas pessoas diferentes, conhecendo muitos padres e suas realidades, o tão sonhado segundo grau da Ordem, o presbiterato, a vida pastoral parece um sonho, enfim, se tornando realidade, porque, agora, aquilo que se via outro presbítero fazer já pode ser realizado, já se vê munido da graça presbiteral e de tudo o que ela traz consigo e permite executar. Diante de tudo isso, não há um ministro ordenado que não tenha passado ou sonhado com esse precioso dia e com tudo o que depois poderia fazer.

Isso é uma realidade, mas o fato de sonhar com este dia não tira da pessoa a necessidade de trabalhar e amadurecer na vocação, afinal de contas o tempo de formação, tão precioso para o crescimento espiritual, intelectual e afetivo, não pode ser esquecido, muito menos desvalorizado como se fosse um mal necessário. Jesus não "lavou os pés dos discípulos" no início do chamado desses e os "proibiu" de falar a respeito d'Ele enquanto ainda não tivessem cumprido com sua missão (Jo 13; Mc 8,30)? Ungidos pelo Espírito se sentiram realmente preparados para a missão. Até mesmo para Jesus existiu um tempo de caminhada e formação, porque Ele espera de cada um não somente uma resposta concreta, mas acima de tudo uma resposta verdadeira, madura, consciente; afinal "beber-se-á do mesmo cálice que Ele bebeu" (Mc 10,38-39), devendo-se confiar no que Ele mesmo pediu: "fazei isto em memória de mim" (Lc 22,19). Mas tudo leva tempo e amadurecimento, e isto parece não ter acontecido para uma parcela que quer simplesmente estar ao "lado direito ou esquerdo de Cristo" sem beber do "cálice". Tudo é luta e sacrifício e a natureza do ministério se dá pelo bem da Igreja e pelo ser da Igreja.

> A Igreja não seria completa sem o testemunho escatológico dos que renunciam aos valores humanos mais profundos pelo Reino de Deus (Mt 19,12); mas ainda assim poderia existir. Porém, sem o serviço à unidade, tarefa do ministério ordenado, simplesmente não há Igreja[17].

De todas as formas, o esperado é esta configuração com o Mistério de Cristo, estando a resposta, justamente, na entrega total e incondicional ao chamado que foi proposto. Servir deve ser uma alegria, é assumir o que é próprio de Cristo expresso em sua alegria de servir, em seu jeito de amar, mostrando sua relação

---

17. TABORDA, F. A Igreja e seus ministros, p. 185.

com o amor no seu modo próprio de servir. Ser presbítero é agir com alegria e não somente satisfação pessoal. "É 'uma alegria que nos unge'. [...] A unção diz respeito a ungir o santo povo fiel de Deus: para batizar e confirmar, cuidar e consagrar, para abençoar, consolar e evangelizar"[18].

Desviar desse caminho, buscando outros interesses que vão assumindo o lugar do amor proposto no chamado, torna-se um risco muito grande, capaz de estabelecer uma crise desnecessária e inimaginável em seu resultado. O desvio leva muitas vezes ao abandono de tudo e, em alguns casos, até mesmo à desistência da vida, pois se ela só tem sentido no ministério presbiteral, se este deixa de ter sentido, a vida também corre o risco de perder o seu sentido.

"Dei-vos o exemplo para que vós façais o mesmo que eu fiz" (Jo 13,15). E, seguir o exemplo de Cristo é a missão da Igreja e daqueles que a conduz. Porém, há mais de trinta anos, entre os anos que marcam o final do século XX, o advento do próximo século e os dias atuais, a Igreja sofre vários tipos de situações de crise, muitas delas ocasionadas por escândalos envolvendo presbíteros espalhados pelas várias dioceses no mundo. O que outrora era escondido por detrás dos muros dos conventos e seminários, nas diversas paróquias espalhadas pelas dioceses em todo mundo, agora deixa uma marca de tristeza, de dor, uma ferida que levará anos para ser curada, mas que está aí às claras para o mundo ver, refletir e infelizmente julgar. São situações tristes, mas esta crise ainda está longe de acabar. Por causa disso, há a necessidade de colocar em destaque o rosto e a vida presbiteral para dali, da base, responder que tudo vale a pena quando o indivíduo acredita no chamado, tudo vale a pena quando recolocamos em primeiro lugar a pessoa de Cristo e não a nossa.

> Os presbíteros do Novo Testamento, por vocação, certo, e por sua ordenação, são, de algum modo, segregados do meio do povo de Deus, não porém para serem separados, quer dele ou de qualquer homem, mas para se consagrarem totalmente à obra para a qual Deus os escolhe (At 13,2). Não poderiam ser ministros de Cristo se não fossem testemunhas e dispensadores de uma vida terrena, nem poderiam prestar serviço aos homens se permanecerem alheios às suas vidas e às suas condições[19].

O fato de que o Concílio Vaticano II trouxe pontos mais concretos e aprofundados da vida presbiteral, sem desmerecer os concílios anteriores e, de certa forma, ordenar os pontos cruciais do Sacramento da Ordem, não faz dessa razão

---

18. FRANCISCO, PP. *Aos sacerdotes*, p. 42-43.

19. PO 03.

uma abertura para se fazer o que se bem entende. Não tolhe a liberdade de ninguém, mas deixa bem claro que se é presbítero da Igreja e para a Igreja, seguindo uma ordem bem estabelecida, visando colocar em prática o que sempre se pediu para fazer, não tirando o dever do testemunho e da índole de cada pessoa, não é um mero ativismo. Desta forma, há que se olhar para pessoa munida de uma graça que, desde antes, nos diversos concílios anteriores, teve seu valor. A lei dá lugar à essência presbiteral, que tem em si o que a ordenação, pela sagrada unção, oferece e, que a partir do Vaticano II vai revelando sua importância, deixando de lado o que era visto como uma relação simplesmente hierárquica para fazer do presbítero um homem voltado para a missão, com seu olhar voltado para o mundo e não para dentro da instituição como nos deixa subtendido a expressão afirmada por Trento.

> Se alguém disser que não há no Novo Testamento um sacerdócio visível e externo ou não existe um poder de consagrar e oferecer o verdadeiro corpo e sangue do Senhor e de perdoar os pecados e retê-los, mas só a função e o simples ministério de pregar o Evangelho; ou que os que não pregam absolutamente não são sacerdotes: seja anátema[20].

Uma pergunta pode ser feita neste momento: o que é ser presbítero nos tempos atuais e como definir ou mesmo defender uma conduta, posicionamento, postura, diante daquilo que sempre pediu a Santa Mãe Igreja nos seus diversos documentos e decretos?

Uma coisa é certa, não há hoje como responder esta pergunta sem deixar de olhar para o que está acontecendo no mundo, nas Igrejas particulares, nas congregações religiosas espalhadas por todos os cantos da terra.

Se há um jeito próprio e proposto de ser um presbítero, hoje não se consegue identificar este jeito de ser olhando para os diversos exemplos, atualmente, encontrados por aí. Acha-se e se vê presbíteros de todo tipo, no entanto, o que se percebe é um esquecimento, um empobrecimento de identidade, parecendo ter perdido a importância em alguns casos, ou até mesmo não foi ensinado, rezado e orientado.

A essência do Bom Pastor parece disfarçada no ativismo que citamos acima. Não há como identificar, em alguns casos, o valor da espiritualidade, do carisma. Há falta de senso crítico, há falta de senso do ridículo, há falta de unidade. Existe um vazio necessitado de ser completado, mas não se deixa ser, porque o que se faz é momentâneo, não promove continuidade, não promove busca. O mistério

---

20. DH 1771.

não precisa ser abarcado porque já se tem o suficiente para o momento, não há agradecimento pelo ontem nem perspectiva para o amanhã, tudo é "hoje".

Percebe-se uma falta de bom-senso, de continuidade e unidade, vê-se muitos presbíteros oferecendo essas novidades momentâneas sem o compromisso sacramental, sem o compromisso da unção para a qual, desde o batismo, foram ungidos e enviados, marcados pelo selo do Cristo que permanece, age e coloca no compromisso do amanhã a certeza da missão que não cessa.

Parece ter se esquecido da origem daquilo que ardentemente buscaram no período da formação. Tudo tem que ser uma novidade, mas esquece do principal, o próprio Cristo, razão primeira de toda vocação. Chega-se à tão sonhada ordenação e, a partir daí, já começa a se revelar para o que veio e para o que vai fazer. "Não se toma consciência de nada" e segue adiante com o propósito em mente e esquece a repetição solene:

> Nascemos na Última Ceia e, ao mesmo tempo, aos pés da Cruz no Calvário: ali onde está a fonte da vida nova e de todos os sacramentos da Igreja, aí está também o início do nosso sacerdócio[21].

O Concílio Vaticano II segue, nesse caminho de mudança, mas também de continuidade. Um olhar voltado para a essência que é o próprio Cristo; nesta perspectiva deixa claro que a vida presbiteral, sua verdadeira identidade na Igreja, precisa resgatar o que desde o princípio foi a vontade de Deus, em relação aos quais a conduziriam, munida da graça, seguindo em frente com a consciência de que, pelo chamado, se sabe que:

> Os presbíteros, em virtude da sagrada ordenação e da missão que recebem das mãos dos bispos, são promovidos ao serviço de Cristo mestre, sacerdote e rei, de cujo ministério participam, mediante o qual a Igreja continuamente é edificada em Povo de Deus, corpo de Cristo e templo do Espírito Santo[22].

A identidade presbiteral é vista a partir do contexto de uma construção que parte do chamado, fortalecida no coração do vocacionado. Este respondendo, se esvazia daquilo que o impede de ter certeza na resposta, para dar lugar a tudo de bom recebido, durante toda a sua vida, a partir do batismo, no chamado em questão, no exercício do ministério e, por que não, até mesmo fora dele. Construir leva tempo, para isso é preciso organização e disponibilidade. Construir exige sabedoria e discernimento para, com responsabilidade, assumir a missão que outrora o chamado já havia proposto. Enfim, para construir é necessário um "esvaziamen-

---

21. JOÃO PAULO II, PP. *Carta a todos os sacerdotes da Igreja por ocasião da Quinta-feira Santa*, 1.

22. PO 01.

to", deixar o que não importa mais, ou o que não é necessário, para assumir com disposição e responsabilidade uma missão, a qual, conscientemente construída, edificada, produzirá verdadeiros frutos. "Minha fidelidade e minha bondade estarão com ele e pelo meu nome crescerá seu poder (Sl 89(88)25). Justamente este poder, que nos torna filhos de Deus. [...] E nós – servos de Cristo – somos os administradores"[23].

Todos, desde o princípio, partindo de Cristo, recebem um chamado para a vida e alguns, de forma específica, respondem a este chamado de um jeito mais radical, permitindo que, diante do ministério recebido, possam agir *In Persona Christi*. Agir realmente em nome de Cristo gera, não só responsabilidade, mas uma configuração a Ele. Aquele que é chamado passa a conhecer e experimentar o verdadeiro sentido do amor que se dá no servir, pois o jeito de amar de Cristo é servindo. Partindo dessa dimensão, se constrói um ministério verdadeiro como o do Senhor. "O padre [...] não pertence a si mesmo, é todo de Deus e todo dos homens, dá-se aos outros, para iluminar, alimentar e guiar as almas para a glória de Deus"[24].

Portanto, a função do ministério presbiteral é entregar-se inteiramente a este serviço, aos fiéis da Igreja. O Concílio Vaticano II resgata esta imagem, de forma que o presbítero se sinta realmente integrado na vida da Igreja sabendo-se munido da "dignidade sacerdotal em virtude do Sacramento da Ordem"[25].

> O ministério presbiteral é uma das funções a serviço dos fiéis da Igreja. Segundo o documento do Concílio Vaticano II *Lumen Gentium* (*LG*), a organização da Igreja está baseada na inovação da revelação divina a respeito dos fiéis integrados no corpo da Igreja não como meros ouvintes ou espectadores e, sim, como cooperadores de Cristo Ressuscitado e do Espírito Santo na obra de redenção da humanidade. Manifesta-se assim uma nova dimensão do *status* dos fiéis, enriquecidos com o dom do Espírito Santo, que os incentiva para assumir sua missão na vida como cristãos engajados na consolidação das comunidades de fé e comunidades éticas[26].

Se existe a dignidade em virtude do sacramento, é necessário olhar para esta dignidade humana. Em todos os momentos em que Jesus realiza os milagres e, com eles, cura as pessoas ali relacionadas, o que Ele realmente deseja é devolver

---

23. JOÃO PAULO II, PP. *Carta a todos os sacerdotes da Igreja por ocasião da Quinta-feira Santa de 1984*, 2.

24. PIMENTEL, J.P. *O sacerdócio um serviço de amor*, p. 10.

25. LG 28.

26. HACKMANN, G.L.B. *A identidade presbiteral depois do Vaticano II*, p. 1.091.

esta dignidade já perdida, mas que fora dada, desde o princípio, àqueles que Deus criou à sua Imagem e Semelhança. Esta dignidade é a luz de Deus, brilhando como vida para todos os homens, fazendo-os partícipes da criação (Jo 1,1-5).

> O ser humano – tanto homem como mulher – é único ser entre as criaturas do mundo visível que Deus Criador "quis por si mesmo": é, portanto, uma pessoa. O ser pessoa significa tender à própria realização..., que não se pode alcançar "senão pela doação sincera de si mesmo"[27].

A dignidade na criação faz do homem partícipe do projeto divino, Deus lhe dá, assim, a capacidade pelos seus próprios atos de contribuir na construção de um mundo melhor, mais justo e reconciliado. Pela busca incessante de fazer a vontade de Deus, mediante o chamado feito, a vida humana torna-se mais compreensível à medida que o homem, livremente, se aproxima de Deus. Ele, em sua benevolência e misericórdia, permite – desde que se sinta reconciliado – ao ser humano revestir-se dessa dignidade, dispondo-se, livremente, a servir como o próprio Senhor serve a humanidade. Assim, podemos dizer que ser munido desta dignidade, nada mais é que estar revestido de uma identidade própria, sendo revelada naturalmente, à medida que a proximidade com Deus vai acontecendo. Esta identidade se revela em Deus que, através do tempo e da história, da vida e exemplo de tantos homens e mulheres, vai construindo um mundo verdadeiro, solidário, fraterno, bom, até chegarmos na verdadeira identidade encontrando toda a sua plenitude no que é o próprio Cristo, vindo até nós para ensinar um novo jeito de servir, cuja explicação está no amor, pois amar em Cristo é servir. A opção pela vida presbiteral é, portanto, resposta.

Esse homem, cuja dignidade se revela na sua identidade com Deus, não surge do nada, mas do meio do povo. Um povo escolhido, chamado a exercer o dom do serviço, na graça de fazer a vontade do Senhor e seguir os seus preceitos. Um povo que possui uma missão "tendo por lei o novo mandamento de amar como o próprio Cristo nos amou (Jo 13,34). Enfim, tem como meta o Reino de Deus". [...] Constituído por Cristo para a comunhão de vida, de caridade e verdade[28]. Comunhão na missão e no exemplo a ser dado pela graça recebida, mas que deve ser oferecida como dom de serviço ao mundo onde está o Povo de Deus.

> Como cristãos, membros do Povo de Deus e, sucessivamente, como sacerdotes, participantes da ordem hierárquica, vamos encontrar a origem dessa participação no conjunto da missão e do múnus do nosso Mestre, que é

---

27. DH 4830.

28. LG 9.

Profeta, Sacerdote e Rei, a fim de dar particular testemunho d'Ele na Igreja no mundo[29].

A alegria do servir toma forma à medida que um verdadeiro esvaziamento acontece, revelando-se em si mesmo a essência do chamado, descobrindo o verdadeiro sentido da vida que está em Deus. O homem chamado a servir, aos poucos sente a necessidade da comunhão com o Senhor. Esta necessidade torna-se um verdadeiro "múnus", estabelecido a partir de uma vivência correta, consciente da missão de ser e de se sentir participante comprometido com o projeto do Reino. Um Reino completo, formando um só corpo com os seus membros no todo, que é o próprio Deus, pois "não há, portanto, nenhum membro que não tenha parte na missão de todo o corpo, mas cada um deve santificar Jesus em seu coração (1Pd 3,15)"[30].

Dentro desse múnus, o homem começa a descobrir sua própria vocação e como resposta ao chamado vai entendendo seu verdadeiro papel como mediador da graça de Deus na vida do povo. Assume um caminho diferente daquele que, simplesmente, o mostra inserido junto a um povo a caminho. Ao ser chamado, através de uma resposta sincera e verdadeira, compreende que no meio do povo existe uma missão a ser assumida e respeitada. Para dar uma resposta sincera, livre e correta não existe outro caminho, ou exercício a ser feito, senão aquele de se colocar diante de Deus e ali despojado, livre, disposto a enfrentar as dificuldades do tempo e da própria vida, assumir o que, de fato, faz parte de sua missão verdadeira no serviço do Reino, abraçando um *múnus* específico, *múnus sacerdotal*, essencial na condução da vida daquele mesmo povo do qual foi retirado.

> Os presbíteros, tirados dentre os homens e constituídos em favor dos homens nas coisas que se referem a Deus para oferecerem dons e sacrifícios pelos pecados (Hb 5,1), convivem como irmãos com os demais homens. [...] Não poderiam ser ministros de Cristo se não fossem testemunhas e dispensadores de uma vida terrena, nem poderiam prestar serviço aos homens se permanecessem alheios às suas vidas e às suas condições[31].

Esse homem retirado do meio do povo deve aderir ao projeto divino, descobrindo que seu *múnus* assume uma identidade ministerial e, ser ministro, dentro de uma linguagem neotestamentária, é colocar-se a serviço de uma obra, a qual representa algo maior do que a própria vida, mas, também, uma obra onde

---

29. JOÃO PAULO II, PP. *Carta a todos os sacerdotes da Igreja por ocasião da Quinta-feira Santa de 1979*, 3.

30. PO 2.

31. PO 3.

sua própria vida está inserida. Essa obra representa a própria Igreja, sendo ministerial onde a identidade, daquele que serve, retrata um rosto próprio, podendo só ser contemplado na identidade do próprio Cristo. Assim, esta Igreja ministerial que revela a identidade de Cristo, bem como daqueles que a conduz, é Igreja que serve a Cristo e aos homens[32].

O ministério presbiteral está ligado diretamente à missão de Cristo. Deus necessita de homens dispostos a servir, sem reservas, na tarefa de conduzir a missão do Reino. O homem é chamado do meio do povo e para este povo se coloca a serviço, realizando, assim, o mistério daquela graça única que revela a divina vontade de Deus de "chamar quem ele quis" (Mc 3,13). A resposta do indivíduo chamado se configura à missão do próprio Senhor que "deu de comer a quem teve fome, deu de beber a quem teve sede, acolheu em casa o estrangeiro, vestiu o nu, cuidou do enfermo e visitou os cativos na prisão" (Mt 25,35-36). Uma missão difícil, porém, realizadora. Aquele que assume com Cristo este ministério está disposto a "beber do mesmo cálice que Ele bebeu" (Mt 20,22), está apto, com amor, a viver e testemunhar uma maturidade na fé.

> Por isso, compete aos presbíteros, como educadores da fé, cuidar por si ou por outros que cada fiel para cultivar a própria vocação segundo o Evangelho, seja levado no Espírito Santo a uma caridade sincera e ativa e à liberdade pela qual Cristo nos libertou (Gl 4,3; 5,1.13). [...] Sejam cristãos ensinados também a não viverem só para si, mas, segundo as exigências da nova lei da caridade, cada um assim como recebeu a graça, administre-a em favor um do outro e assim todos cumpram cristãmente os seus deveres na comunidade humana (1Pd 4,10s.)[33].

A construção supõe um fortalecimento que, de certa forma, também é esvaziamento, pois este, na sua mais concreta finalidade, tem como objetivo proporcionar ao indivíduo chamado a capacidade de se sentir realmente apto para se colocar a serviço do Senhor. Tudo isto é manifestado nas diversas formas do ministério, nas diversas relações estabelecidas pelo caminho, através do tempo e da história. Essas relações se dão primeiramente com Deus, pois o ministério é, antes de tudo, participação no ministério de Cristo. Depois, esta relação ministerial se dá, também, na forma e no agir dentro da dinâmica ministerial, relacionada à hierarquia existente na Igreja. Um está relacionado diretamente ao outro, com-

---

32. GS 3.

33. PO 6.

pletando-se como fiéis colaboradores no exercício do múnus de ensinar, santificar e apascentar o povo de Deus[34].

Se dentro da hierarquia há a necessidade de unidade, comprometimento na missão, sincera e fraternal obediência, o mesmo deve acontecer, de forma ética e moral, quando o presbítero se dispõe a ver as atitudes e ações dentro do próprio ministério, em comparação com os seus semelhantes de mesmo grau. Assim, é clara a disposição de se viver a fraternidade, quando se pode ver os presbíteros em comunhão com o seu bispo, esforçando-se para proporcionar ao Povo de Deus a graça de fazer a experiência de Sua misericórdia. Esta misericórdia deve existir, antes de tudo, no presbitério, lugar visível da ação de Cristo por intermédio daqueles que, um dia, Ele chamou para exercerem ali o único, verdadeiro e definitivo sacrifício; ou seja, unindo-se, "pois a seus irmãos pelo vínculo da caridade, da oração e da pluriforme cooperação, assim se manifesta a unidade na qual Cristo quis que os seus fossem consumados juntos"[35].

Existe aqui uma exigência clara e permanente que faz parte da vida de cada ministro, independente do grau que exerce. Dentro dessa relação reveladora da atitude da unidade presbiteral, o presbítero se sente capaz de se assemelhar ao outro, constituindo a eterna busca de conhecimento, sabendo que para isso é necessária uma formação permanente, um olhar para os sinais dos tempos, visando o crescimento pessoal e a maturidade ministerial que revelam uma identidade consciente, capaz de construir um vínculo presbiteral de unidade muito firme em frente às dificuldades transcorridas, rompendo com as diferenças que muitas vezes causam desistências, imoralidades, e porque não dizer, rompimento com a vida tanto presbiteral quanto humana. Querer isto para toda a vida é sinal de maturidade, crescimento espiritual e humano. Desta forma, a busca de meios, a assídua consciência do fato de ter sido ordenado não oferece a capacidade plena de ser o "melhor" presbítero; faz com que a pessoa esteja preparada, a todo momento, para receber, não só o que lhe faz sentir bem, mas a verdadeira consciência de, a cada dia, se identificar mais com o sacerdócio de Cristo. É formação integral desde o início do chamado e que marca a essência de tudo o que o presbítero está disposto a fazer, livremente, durante toda a vida.

> A formação específica do sacerdote, logo, já que ele é, [...], uma espécie de "cocriador", requer um abandono todo especial à obra do Espírito Santo, evitando, mesmo na valorização dos próprios talentos, que se caia no perigo do ativismo, da impressão de que a eficácia da própria ação pastoral dependa

---

34. PO 7.

35. PO 8.

da notabilidade pessoal. Este ponto, bem considerado, pode certamente infundir confiança naqueles que, num mundo amplamente secularizado e surdo às requisições da fé, facilmente poderiam escorregar no desencorajamento e, deste, na mediocridade pastoral, na tibieza e, por último, no questionamento daquela missão que, no início, tinham acolhido com um entusiasmo tão grande e sincero[36].

Aquele que busca formar-se, fazendo disso um exercício diário e contínuo, descobre-se pronto para a vida, sabendo dar resposta ao chamado recebido, estando sempre aberto para a experiência de missão. O homem que responde a este chamado deve estar aberto a servir, onde o Senhor desejar. O comportamento moral, diante desta situação, é a aceitação, o comprometimento de servir a quem quer que seja e para onde o Senhor o enviar (Jr 1,7). A ideia de permanecer no lugar e ali morrer, depois de muitos anos de serviço, assume uma outra realidade que o Concílio Vaticano II chama de "adequada distribuição de presbíteros" e isto supõe sair, abrir a uma transferência, assumir um compromisso maior diante de uma nova realidade pastoral etc. É preciso rever, analisar, mas é preciso, também, ter consciência de que o chamado não nos pertence; e "pegar a cruz e segui-lo" é também felicidade concretizada, realizada no dom do serviço como imitação do próprio Cristo. Prontos para a missão, os presbíteros devem ter a solicitude de servir e presença viva, como Igreja em qualquer lugar que esteja; ou seja, "lembrem-se, portanto, os presbíteros devem ter no coração a solicitude de todas as Igrejas"[37].

1.2 O "homem presbítero" – Vocação e "profissão"

Ao iniciar este tópico é bom esclarecer, tecnicamente, a existência da diferença entre profissão, vocação e trabalho. Profissão e vocação parecem dizer a mesma coisa, mas não é bem assim. Pensando na juventude, os dois termos se referem ao futuro, podendo até apontar para a mesma direção, mas existem diferenças. Vocação está relacionada à essência do chamado e ligada ao "ser", enquanto profissão ao "fazer". No que se refere ao chamado, a profissão, no contexto deste trabalho, está ligada diretamente ao múnus sacerdotal na pessoa do presbítero católico cuja identidade se pretende desenvolver. Mesmo assim, o desenvolvimento do termo "profissão" só quer levar à reflexão de que a vocação deve ser a primeira resposta enquanto que, aquele que faz do ministério presbiteral uma profissão,

---

36. DMVP, Apresentação.

37. PO 10.

corre o risco de esquecer a essência de sua identidade e pode levar o ministério para outros caminhos.

Na Igreja, entende-se que existem diversas vocações, entre elas: leiga, missionária, presbiteral e religiosa. Na profissão, porém, em sentido estrito, existe uma infinidade de possibilidades.

A palavra "trabalho" é utilizada para designar incontáveis atividades. Podemos fazer um trabalho da faculdade, voluntário, social ou até mesmo doméstico. Sendo assim, trabalhar se refere a exercer uma determinada atividade, que pode ou não ser remunerada. No caso da profissão, ela está relacionada à área de atividade em que um determinado indivíduo adquire expertise. Desse modo, para se referir a si mesmo como um profissional é preciso ter determinados pré-requisitos, atender exigências em relação às competências determinantes de um especialista. Sendo assim, a profissão de uma pessoa é definida pelo conhecimento que ela adquire por meio de cursos, especializações e da experiência que podem comprovar e formalizar as suas habilidades.

Esclarecido isto e o contexto específico, sempre que se usar as palavras trabalho, profissão, vocação, refere-se ao múnus presbiteral, entendendo que é sinônimo de um chamado divino, fruto da relação com Deus, que abrange, na sua essência, todo o ser do homem.

O Concílio Vaticano II, ao rever a postura e a relação do presbítero com o mundo, não pretende, de forma alguma, dizer que o ministério e a identidade do ministro ordenado seja uma condição sobrenatural, intocável, de uma santidade invejável que, em nenhum lugar do mundo pode ser encontrada. O ministério presbiteral está inserido no que podemos chamar de "Mundo do Trabalho", na vida cotidiana, no dia a dia do Povo de Deus. A Igreja entende que aqueles que são chamados recebem a graça de poder fazer de suas vidas uma continuidade da vida de Cristo, que nasceu, cresceu, teve uma profissão junto àqueles com quem viveu e soube realizar perfeitamente sua missão. O indivíduo chamado configura, na sua identidade, o desejo de se fazer semelhante a Cristo, de forma a viver por Ele, com Ele e para Ele como entrega, também, definitiva ao mundo, em seu meio-ambiente, para desempenhar bem o seu papel de forma coerente, tendo consciência de que, apesar de ser visto diante de sua prática como um "profissional" para muitos, há algo que o diferencia do restante por causa da graça indelével recebida, configurando-se a Cristo na perfeição, na graça do serviço e no amor.

> Os sacerdotes, por razão especial, têm obrigação de adquirir tal perfeição já que, consagrados a Deus de modo na recepção da Ordem, tornam-se instrumentos vivos de Cristo, eterno sacerdote, para poderem continuar pelos tempos afora sua obra admirável que reintegrou com divina eficácia toda a

comunidade humana. Como, pois, todo sacerdote faz a seu modo as vezes da pessoa de Cristo, é também enriquecido com a graça particular para, servindo ao povo a ele confiado e a todo o Povo de Deus, pode alcançar mais aptamente a perfeição daquele de quem faz as vezes, e para que a santidade daquele que por nós se fez pontífice "santo, inocente, sem mancha, separado dos pecadores" (Hb 7,26) cure a fraqueza da carne humana[38].

Desde o início da criação, Deus dispôs ao homem a importância de cuidar de tudo aquilo que foi criado. "O domínio sobre todas as coisas" não supõe o homem acima de Deus, mas o coloca, desde o início, na responsabilidade de cuidar daquilo que está ao seu redor (Gn 1,26-31). Esta responsabilidade coloca o ser humano no mundo do trabalho e das necessidades; assim, os problemas aparecem, mostrando a necessidade de exercer funções variadas, pelo fato de que cada coisa exige uma diferente forma de agir. Diante do relato da criação se pode ver toda disposição harmônica da vida, porém, no decorrer do tempo e do espaço, o Povo de Deus, caminhante na vida e na história, tem necessidades físicas, supridas, corretamente, através do trabalho; pois se o homem não trabalha, não consegue colocar o pão em sua mesa. O trabalho exige perfeição, conhecimento e, posteriormente, a necessidade de receber compensação pelo labor realizado. Não se pretende aqui reivindicar alguma coisa, mas diante daquilo que se faz existe um direito, a todo direito corresponde uma obrigação. Resta àquele que trabalha estar pronto para as mudanças.

> O trabalho é um desses aspectos, perene e fundamental e sempre com atualidade, de tal sorte que exige constantemente renovada atenção e decidido testemunho. Com efeito, surgem sempre novas interrogações e novos problemas, nascem novas esperanças, como também motivos de temor e ameaças, ligados com esta dimensão fundamental da existência humana, pela qual é construída cada dia a vida do homem, da qual esta recebe a própria dignidade específica, mas na qual está contido, ao mesmo tempo, o parâmetro constante dos esforços humanos, do sofrimento, bem como dos danos e das injustiças que podem impregnar profundamente a vida social no interior de cada uma das nações e no plano internacional[39].

Esse homem, que desempenha seu papel e realiza sua missão neste mundo de direitos e obrigações, exerce também um serviço específico. Chamado pelo Senhor "deixa tudo e o segue" (Mt 4,18-20). Este seguimento parece não deixar

---

38. PO 12.

39. LE 1.

dúvida da firmada existência de uma transformação da realidade, pois deixa-se "o peixe" e opta-se pelo "homem" (Mt 4,19; Mc 1,17). Uma grande transformação influenciadora dos homens a serem novos homens, que irão lutar pela vida, pela justiça, pelo pão, pelo peixe, pois não devem faltar na vida, nem na mesa de nenhum filho de Deus. O trabalho continua e a pescaria traz frutos de esperança de um mundo melhor, mais justo, verdadeiro, que a exemplo de Cristo configura aquele que luta por tudo isto a um dom gratuito e único de um ministério presbiteral pronto para exercer um trabalho humano, porém também divino e diferente no meio de tantos ofícios. É exercer para Deus o trabalho necessário onde o humano sempre terá seu lugar específico e sua inteira dignidade. Se é trabalho divino este acontece na vida humana e na relação íntima e acolhedora de quem se propõe a ser presença de Deus na vida de quem se aproxima e dele necessita de algo.

> O trabalho de um homem, com efeito, se entrelaça naturalmente com o de outros homens. Hoje mais do que nunca, trabalhar é um trabalhar com os outros e um trabalhar para os outros: torna-se cada vez mais um fazer qualquer coisa para alguém[40].

Essas realidades envolvem a vida do presbítero de todas as formas. Ele começa a realizar seu trabalho pela graça indelével do Batismo somando-se, assim, à figura de tantos outros, para exercer verdadeiramente um ministério comum configurado a Cristo (1Pd 5-9). Do meio de tantos trabalhos, do meio de um "povo sacerdotal" surge um trabalho específico: o ministério presbiteral, que com suas diferenças faz do indivíduo que o exerce alguém disposto a assumir uma atividade impar e diferente no meio de tantas outras neste mundo tão carente de transformação.

O ministério presbíteral visto como uma atividade de trabalho não é tão simples assim, pois, como está diretamente ligado a Cristo, o Bom Pastor, o Carpinteiro, nos permite levar em consideração tal realidade, dispondo aqui algumas questões envolvendo este "ser trabalhador". Aquele que trabalha exerce uma profissão que pode conferir a ele uma responsabilidade inerente e, no caso do presbítero, muito mais, pois é múnus, sendo que, quase sempre, em outras profissões observa-se, de forma transparente, as relações que regem a vida moral do trabalhador; assim, também, é o ministro, desempenhando o seu trabalho junto ao Povo de Deus. Portanto, não se pode dizer que o ministério presbiteral seja uma profissão ao pé da letra, mas, sim, que demonstra uma responsabilidade que leva a pessoa realmente a entender que, olhando para os seus atos, tenha consciência

---

40. SÉRGIO, R.S. *O trabalho humano na perspectiva filosófica da Encíclica* Laborem Exercens, p. 744.

de que ajuda a fazer, da comunidade em que vive, até mesmo o presbitério, um lugar mais justo, mais correto, voltado para o crescimento mútuo, onde o bem comum é visto como uma realidade concreta e de suma importância. Há aí uma espiritualidade própria a ser desenvolvida, pois o trabalho, com o passar dos anos, vai gerando necessidades diante de novas realidades, tendo sua origem no próprio Deus que dá ao homem, e aqui o presbítero, a responsabilidade de cuidar de todas as coisas.

> Mas, quanto mais aumenta o poder dos homens, tanto mais se alarga o campo das suas responsabilidades, pessoais e comunitárias... A mensagem cristã não afasta os homens da tarefa de construir o mundo, nem os leva a desinteressar-se do bem dos seus semelhantes, mas, pelo contrário, obriga- -os a aplicar-se a tudo isto por um dever ainda mais exigente[41].

Essa responsabilidade está diretamente ligada à vida do ser que faz dela uso, assim, deixa a marca de um processo ético, conduzindo, de forma coerente e certa sua realização. O agir não deixa de ajudar quem faz o trabalho ou exerce o próprio múnus, mas está diretamente ligado àquele que recebe e, de certa forma, se beneficia do que foi produzido. Benefício mútuo gera vida e não divisão, ou guerra, ou disputa. Para que isto seja colocado em prática, observa-se dois tipos de princípios regendo a responsabilidade do indivíduo, podendo aplicar ao pres- bítero que deve exercer sua missão na Igreja, de maneira nítida, as necessidades de uma ação conjunta, que mostra o desempenho de uma Igreja unida que visa, sempre, o bem de seu povo.

> É na medida que os outros crescem que o grupo todo, ao qual também per- tenço, vai crescer. Os outros não são mais simples instrumentos de minha realização; a minha realização depende da realização da comunidade, da genuína realização de cada um dos outros. [...] Nesta perspectiva, o valor maior é a solidariedade, a profunda interdependência humana, o cresci- mento do outro. Este é o objetivo. O lucro, o benefício econômico, é um sub- produto. Indispensável, sem dúvida, para a continuidade da comunidade de trabalho que é a empresa, mas que só vai existir se as outras condições forem preenchidas[42].

É dentro desta perspectiva da "ética orientada para os outros" que se pre- tende construir uma identidade consistente, enraizada e voltada para o verdadeiro sentido do amor que, em Cristo, é servir. Portanto, pode-se afirmar que, a respeito

---

41. LE 25.

42. NADAS, P. Ética na administração e responsabilidade social do administrador, 2.

do ministério presbiteral, por mais que seja construído e alimentado por um chamado divino, munido de uma graça própria, ele pode ser considerado, partindo do entendimento de trabalho e serviço, aquilo que pela formação permanente é o "poder melhorar a sua prática"[43], e esse "fazer o melhor" ressalta a obrigação de buscar meios para isso. Diante da profissão, o conhecimento adquirido pode trazer promoção ou até mesmo mudança real naquilo que se faz, mas quando se está falando em vocação e, em especial, do múnus presbiteral, tudo o que se busca é graça e conhecimento que visam colocar em prática aquilo que é próprio e único no ministério. Os princípios éticos são ferramentas essenciais que, no concernir da prática presbiteral, faz o ser pensar na unidade presbiteral, pois seu exemplo vale para o todo; e assim, juntamente com o bispo, tem-se um presbitério centrado na Palavra, na Eucaristia, na vida entre irmãos, numa relação interpessoal feita do Tu existente e do Tu existir.

> Acima de tudo, o ser humano é criado para Deus. E, por isso mesmo, existe simultaneamente para os outros seres humanos. A relação com Deus, vimos repetidamente, é fundante das relações entre as pessoas humanas[44] .

Ao perscrutar esta realidade ministerial, ou seja, ao tentar abarcar o conhecimento mais profundo do mistério do chamado que Deus realiza, o homem se descobre, através das relações estabelecidas com Deus, com ele próprio e com o seu semelhante. Mas isto não supõe um individualismo ministerial, pois:

> A dimensão comunitária de uma vocação significa que o chamado ao ministério ouve-se dentro da Igreja, sustenta-se pela Igreja e deve servir a missão da Igreja. Não há vocação privada, individualista, para o ministério. Não somos chamados ao ministério fundamentalmente para nosso benefício próprio, mas por causa da missão da Igreja. [...] Qualquer que seja o ministério, a dimensão comunitária da vocação leva os ministros pastorais a dar prioridade ao serviço da comunidade e pôr em segundo plano seus interesses individuais[45].

O ministério presbiteral pelo fato de realmente representar algo muito importante supõe uma relação e, com ela, tenta "fazer o melhor para que o outro tenha o melhor", realiza-se com empenho o que Jesus sempre pediu aos seus discípulos. Mesmo despojados de algumas coisas, a missão deve ser cumprida de forma consciente, sem esperar nada em troca, logo, quem acolhe a Palavra no

---

43. GULA, R.M. *Ética no Ministério Pastoral*, p. 19.

44. RUBIO, A.G. *Unidade na pluralidade*, p. 445.

45. GULA, R.M. *Ética no Ministério Pastoral*, p. 20.

caminho não deixará quem a proclamou sair "de mão vazia". O que se realiza torna-se fonte de realização (Lc 9,3-6). Nada falta àquele que faz a vontade de Deus. No entanto, para encontrar o rumo certo de cada ato realizado, bem como do sacrifício oferecido, deve-se ter consciência do verdadeiro compromisso do serviço, encontrando razão de ser somente no agir de Cristo. Mesmo que frágil na missão, isto não deve levar o presbítero a cair diante de favores que lhe podem ser concedidos. A busca da verdade sempre deve prevalecer no coração daquele que exerce seu ministério no amor a Cristo.

> Tudo isto devemos dizer com humildade, até sentir um certo incômodo por sermos obrigados a pronunciar estas palavras: "não nos dobre o favor nem nos corrompa a qualidade do dom ou acepção da pessoa". Somos convidados a nos interrogar se existe sempre em nós a paixão pela verdade, se a buscamos honestamente com todos os meios, para não desviarmos do caminho reto: "Para que em nada nos desviemos da verdade"[46].

Diante do trabalho exercido, corre-se o risco de se agir como um "profissional" e não há negatividade nisso, mas sim em saber se aquilo que está sendo feito é realizado com amor. O problema parece voltado para a questão do ter e do poder exercido quando se olha para o ministério presbiteral como realmente uma profissão como outras, fazendo dela um meio somente para ganhar dinheiro, ou "se fazer melhor" no ensoberbecer-se, buscando se especializar e receber posição de destaque diante daquilo que se realiza. A questão vai muito mais além quando se analisa por este foco, pois pode se transferir para o ministério presbiteral tal problema. Tem-se direito de receber algo porque trabalhou, pode ter mais porque se especializou, tendo mais conhecimento. Isso não é importante a partir do momento que o objetivo não esteja voltado para o ter (material e racional), e, sim, para o ser que visa configurar-se, de todas as formas, ao agir de Cristo. Parece até fácil, explanando dessa maneira; porém, de forma alguma, a intenção desse exposto é ser contra receber pelo trabalho realizado, ou buscar mais conhecimento para ajudar no crescimento pastoral da Igreja. Existe, sim, dignidade em receber pelo trabalho realizado, mais ainda pelo conhecimento adquirido. Esta dignidade está na pessoa que realiza o trabalho e não no trabalho em si. A relação é clara quando não há diminuição de um referente ao outro.

> Partindo deste modo de entender as coisas e supondo que diversos trabalhos realizados pelos homens podem ter um maior ou menor valor objetivo, procuramos, todavia, pôr em evidência que cada um deles se mede sobre-

---

46. THUAN, F.X.V. *Testemunhas da esperança*, p. 41.

tudo pelo critério da dignidade do próprio sujeito do trabalho, isto é, da pessoa, do homem que o executa[47].

A vida de quem exerce seu ministério presbiteral com amor tem, diante dos seus olhos, a firme certeza de que há um "contrato" feito, com o próprio Deus; contemplando-se assim, torna-se algo valoroso para toda a vida. É claro que as exigências se tornarão visíveis durante o tempo, porque o ministério exige maturidade, um crescimento natural que faz com que os interesses sejam outros. Estes interesses devem seguir uma direção consciente, levando à verdadeira unidade com o Povo de Deus, bem como com o próprio presbitério, lugar também de unidade, de oração e de sacrifício, fazendo com que o presbítero "não se limite, portanto, a formar no seu coração a ideia do que é bom, mas, como que oferecendo os ombros da sua conduta, encoraje aqueles que o observam a alcançar os bens supremos"[48].

É difícil olhar para o ministério presbiteral como uma "profissão", se este estiver focado somente no chamado divino e não na relação que o vocacionado tem com a sua história, bem como em relação ao Povo de Deus, do meio de onde foi chamado e escolhido. Ao ser ordenado, o novo ministro assume todas as responsabilidades diante das diversas formas de relações que o cerca (Deus, Igreja, Povo, Presbitério etc.). Ao ser ordenado, o presbítero assume, livremente, um "acordo" e, com isto, todas as responsabilidades exigidas nessas diversas relações, prometendo realizá-las por toda a vida, no respeito, na obediência e no sacrifício.

> O ministro nunca age fora do compromisso da promessa divina para ser fiel a Deus, às pessoas e à Igreja. O ato de confiar e aceitar a confiança torna o relacionamento desigual e põe o ministro numa posição de poder acima dos que o procuram para atender as suas necessidades através do serviço ministerial. A obrigação primordial do acordo na posição de "poder sobre" está na responsabilidade fiduciária para respeitar a dignidade dos outros agindo, em todas as ocasiões, a favor deles, mesmo que isso implique sacrifício próprio[49].

Assim, para se considerar o ministério presbiteral uma "profissão", é necessário ter noção da responsabilidade que tal denominação acarreta na vida de quem assume tal postura, perante o todo que é a Igreja, onde está inserido o Povo de Deus, mirando sempre para o indivíduo como "homem de Deus", consagrado

---

47. DH 4690.

48. GREGÓRIO MAGNO. *Regra pastoral*, cap 3, 14.

49. GULA, R.M. *Ética no Ministério Pastoral*, p. 30-31.

para servir e chamado para realizar a vontade de Cristo na entrega do sacrifício diário, sendo capaz de dar a própria vida assim como Ele fez, aquele que "devia fazer-se em tudo semelhante aos irmãos para se tornar um sumo sacerdote misericordioso e digno de confiança nas coisas que concernem a Deus" (Hb 2,17). Ser presbítero é mais do que ter uma "profissão" e dizer isso naturalmente como se diz de outras profissões. Ser presbítero é doação total de si, é algo que não se muda da noite para o dia; é vida entregue na doação total do ser para que o trabalho realizado construa dignidade e leve os outros, mesmo com suas dignas profissões, a conhecer melhor a Deus.

Dessa forma, ao assumir com responsabilidade o chamado, o indivíduo assume o verdadeiro desejo de se configurar em tudo a Cristo, sempre unido aos seus discípulos, desde o momento que os chamou, ensinando-os a dar a resposta certa, consciente, diante das dificuldades e lições da vida para ajudar o próximo a compreender as razões e as dificuldades da sua história, centrada na unidade e não no egoísmo que fere, mata, gera abandono, indiferença e solidão, e que faz, muitas vezes, o ser humano optar por um caminho sem volta (Gn 4,9).

> Para que cada homem possa cumprir mais perfeitamente os seus deveres de consciência, quer para consigo quer em relação aos vários grupos de que é membro, deve-se ter o cuidado de que todos recebam uma formação mais ampla, empregando-se para tal os consideráveis meios de que hoje dispõe a humanidade. [...] Mal poderá, contudo, o homem chegar a este sentido de responsabilidade se as condições de vida não lhe permitem tomar consciência da própria dignidade e responder à sua vocação, empenhando-se no serviço a Deus e aos demais. Ora a liberdade humana com frequência se debilita quando o homem cai em extrema miséria, como também se degrada quando ele, cedendo às demasiadas facilidades da vida, se fecha numa espécie de áureo isolamento[50].

Se o ministério presbiteral é ou não é uma "profissão", não está nisto o mérito da questão, mas sim no fato de como o indivíduo age e se comporta diante dessa graça que lhe foi oferecida. Pode-se trocar de profissão, mas a vocação para o ministério presbiteral jamais se troca. Pode-se até deixar o ministério, mas a assência da graça oferecida ao individuo jamais lhe é tirada porque é selo indelével, algo permanente e eterno que só o mistério oferecido por Cristo pode explicar. Ao imitar Jesus deve ser, de certa forma, libertador, pois "Ele manifesta na sua vida o que o nosso ministério deve ser: centrado

---

50. DH 4331.

em Deus, inclusivo de todas as pessoas e em permanente relacionamento com todos"[51].

Sem a clara referência aos outros não há como conceber o ministério presbiteral. Nesta clara relação, o presbítero vai se descobrindo para os outros e entende que a sua presença será o rosto de Deus e resposta para os desafios a serem enfrentados pela Igreja, sua fiel "Esposa" em Cristo.

1.3 Ministério presbiteral – Antropologia, eclesiologia e pastoral

O presbítero é o homem que junto a um povo ou determinada cultura está responsável diretamente pelo sagrado. Ele será o mediador entre este povo e o ser superior a quem chama de Deus ou deuses por aquela cultura ou religião. Assim o sagrado não deixa de fazer parte da vida das pessoas. O escolhido, dentro de uma tradição, torna-se responsável por fazer a mediação e ser canal de esperança para as pessoas que buscam, no seu deus, as coisas necessárias para a sua vida. Portanto, o presbítero ou mediador do sagrado existe em todas as religiões, está ligado diretamente, em especial, ao sacrifício e ao culto, realidades inseparáveis que fazem dele presbítero.

Mas este homem está inserido na realidade humana e não sobrenatural, enfrentando as suas necessidades e vontades, fazendo uso da própria liberdade e com ela, agindo na sociedade pela sua fé para ajudar a fazer do meio em que vive um ambiente mais justo, mais voltado para as coisas divinas, sabendo que o estar no mundo é ser Igreja. Esta relação com o sagrado faz com que o homem se encontre, sentindo-se parte, realmente fundante, da realidade chamada criação.

O homem deve ser livre para suas escolhas e para se relacionar com o meio, aqui denominado Igreja, ou mesmo numa forma mais ampla e abundante, Reino de Deus. Nesse meio descobre que sua liberdade só tem sentido diante da liberdade do outro, buscando, também, realizar seus anseios, procurando viver a sua vida na construção em meio ao caos que o mundo oferece, da harmonia que pode e deve levar à felicidade plena, a qual não estava no ontem e nem estará no depois, mas no agora, fundante de uma vida plena, encontrando sentido apenas no próprio criador, ou seja, no próprio Deus.

Dentro de um contexto antropológico pode-se dizer que este homem – destinado a uma vocação específica, que depois do chamado constroi a sua identidade presbiteral – é fruto de uma relação que parte de uma diálogo entre o ser humano e Deus. Uma relação natural entre criatura e Criador. Nesse diálogo vai

---

51. GULA, R.M. *Ética no Ministério Pastoral*, p. 40.

descobrindo-se responsável porque o que faz tem o seu valor, sua dignidade e sua imporância para Deus. Com o passar do tempo, deixa bem claro para si que os mesmos valores valem para os seus semelhantes mesmo sabendo-se único, irrepetível e singular. A vocação, portanto, não desumanisa o homem, mas faz dele mais livre ainda para, assim, fazer a vontade de Deus e exercer esta vontade junto ao seu povo que merece ser livre e apoiado nas suas boas e justas decisões.

Esta liberdade é determinante na relação homem/Igreja, pois a vida de ambos é conduzida por um jeito natural de agir, denotando uma consciência responsável, fazendo, desde os primórdios da Igreja, os discípulos do Cristo deixarem tudo e o seguir. Assim, para realmente definirmos este ser humano que deixa tudo para ter tudo em Deus, é necessário olhar para sua liberdade e consciência, uma adquirida pela graça da criação, a outra construída pela capacidade de entendimento que, ao passar do tempo, se transforma em maturidade, refletindo o todo de um ser capaz de buscar, a todo o momento, uma compreensão de si no agir em Deus através da ação solidária pelos outros, pelos mais próximos e necessitados. Uma liberdade de consciência, sem impedimento algum.

> Tal liberdade, verdadeira, digna dos filhos de Deus, que protege da maneira mais nobre a dignidade da pessoa humana, está acima de toda violência e injustiça e sempre foi desejada pela Igreja, sendo-lhe imensamente cara[52].

Ser Igreja está muitíssimo intimamente ligado à alma de quem se dispõe, livremente, agir em nome de Cristo e na sua Pessoa. A vida da Igreja supõe a graça do serviço, traduzida na capacidade do indivíduo em assumir a sua missão junto ao povo do qual ele mesmo faz parte, independente do lugar e do tempo. A vida da Igreja é missão, esta não se faz por si mesma, mas sim pela vontade, livre e sincera, de pessoas disponíveis que se doam para que, conhecendo, levem os outros a se sentir livres também buscando a Deus com segurança. Servir a "Cristo e à Igreja, mediante o discernimento da vontade do Pai, para refletir o Senhor em nosso modo de pensar, de sentir, de falar e de nos comportar em meio aos homens"[53]. Um agir consciente, livre e jamais coagido. Desta forma, quem busca responder ao chamado e já consagrado ao ministério, ao dom do serviço, deve saber que "o sacerdote não pode cair na tentação de se considerar somente mero delegado ou apenas representante da comunidade, mas sim um dom para ela"[54].

---

52. DH 325.

53. DAp 187.

54. DAp 193.

Sendo dom de serviço e de disponibilidade, naquele local, junto àquele povo, o presbítero realiza seu ministério. Ser presbítero é ser feliz no que faz e no que realiza, pois este é o pedido da Igreja, colocado em prática através dos ensinamentos do próprio Cristo: "felizes os puros de coração, porque verão a Deus" (Mt 5,8). Esta Bem-aventurança passa a fazer parte da vida do presbítero que tem a missão de fazer com que a pureza esteja no coração do próximo, com a verdadeira capacidade de ver a Deus no agir e no servir com amor. Desta maneira, explica-se uma das obrigações do chamado ministro ordenado em ser o primeiro a buscar esta pureza de coração na vida de oração, na disposição ao serviço, no sacrifício realizado, para que, conhecendo verdadeiramente a Deus, saiba fazê-lo ser conhecido. Isto se chama fidelidade, tornando-se natural no coração de quem ama a Deus e coloca em prática no agir na Igreja, sendo Igreja.

> Por consequência tornamo-nos participantes de tal missão de Cristo profeta; e, em virtude da mesma missão e juntamente com Ele, servimos à verdade divina na Igreja. A responsabilidade por essa verdade implica também amá-la e procurar obter a sua mais exata compreensão, de maneira a torná-la mais próxima de nós mesmos e dos outros, com toda a sua força salvífica, com o seu esplendor e com a sua profundidade e simplicidade a um tempo[55].

Sabe-se que as necessidades da Igreja são muitas e, assim, olhando para os sinais dos tempos, ela faz com que estas necessidades sejam traduzidas e conduzidas no agir diário e contínuo não perdendo o foco da vida humana, porque ela é plenitude, como nos diz São João Paulo II: "plenitude de vida que se estende para muito além das dimensões da sua existência terrena, porque consiste na participação da própria vida de Deus"[56].

Levar as pessoas a participarem desta vida de Deus é dever e missão de todo presbítero. Fazer esse povo compreender que o sacerdócio comum faz de todos capazes de ser transmissores desta vida. Assim, tudo se torna mais claro e, de certa forma, elimina as dificuldades, iluminando as possibilidades do agir, os quais inspirados pela Palavra, alimentados pelo Pão da Vida, comprometidos com os mais necessitados, em especial, preocupados em manter o que é próprio de um povo enquanto cultura e costumes, o presbítero age verdadeiramente em nome de Cristo e na sua Pessoa. Compreende que a riqueza de um povo está na sua fé, nas formas como age mediante esta fé. Batizados e no exercício conjunto

---

55. RH 19.

56. EV 2.

de um sacerdócio comum, busca fazer de suas vidas semelhante à vida de Cristo. Assumindo a cruz, é consciente que, mesmo diante de todas as dificuldades, a ressurreição é fruto da verdade iluminada pela Palavra, compromisso de "solidariedade para com os mais necessitados e desamparados, na paixão pela justiça, na alegria de viver, movendo o coração de nossos povos, ainda que em condições muito difíceis"[57].

O pastor é quem conhece as suas ovelhas assim como o Pai conhece o Filho (Jo 10,15). Este conhecimento não se dá por simples semelhança mesmo sabendo que, segundo Santo Tomás de Aquino, Deus não é tão simples assim[58]. Esse conhecimento se dá pela capacidade de fazer o esforço necessário, não importando o próximo desvalido à beira do caminho, porém, sentindo compaixão e fazendo de tudo para que ele volte a ter dignidade, podendo seguir seu caminho na vida, reconciliado, curado de suas dores no corpo, na alma e no coração (Lc 10,33).

O trabalho, experimentado na simplicidade do agir, faz do presbítero o ser humano que, por graça, é homem destinado a buscar, de todas as formas e meios, um caminho para suprir, curar, acolher e dar dignidade aos que batem à sua porta ou estão à mercê da sociedade. Esta sociedade, muitas vezes, promotora de injustiças, acarreta divisões, conflitos, guerras, mortes e leva as pessoas a verem Cristo crucificado no dia a dia e com isto revela as dores do mundo. É a Igreja quem não abandona a missão de ser sinal de Deus para o mundo, apesar de todas as suas contrariedades.

Não há como conhecer a Deus se não se voltar para as necessidades dos que estão no mundo sem dignidade, não conseguindo ter oportunidade, nem espaço, nem mesmo o mínimo necessário para viver. Esta situação, também, é o lugar do presbítero, como missionário: evangelizar, chegar aos corações dos mais necessitados e conseguir, num meio sem vida, sem paz, sem justiça, colocar esperança. Esta é a missão da Igreja, transmitindo a Palavra à vida, deixando o sinal para jamais desistir, pois foi na Cruz que surgiu a esperança da graça e do sacrifício, não para o amanhã somente, mas para todo tempo, como resgate que volta ao princípio, remetendo-se ao futuro, na firme expectativa de que tudo será melhor quando todos se abrirem ao chamado, sentindo-se, realmente, parte deste sacer-

---

57. DAp 7.

58. ST. I, I, q. 3 Art. 7, 1. Pois, como o que provém de Deus o imita, do ser primeiro procedem todos os outros e, do bem primeiro, todos os bens. Ora, dos seres provenientes de Deus nenhum é absolutamente simples. Logo, também não o é Deus. 2. Demais. –Tudo o que há de melhor deve ser atribuído a Deus. Ora, para nós, o composto é melhor que o simples; assim, os corpos mistos são melhores do que os elementos e, estes, do que as suas partes. Logo, não devemos dizer que Deus é absolutamente simples.

dócio comum dado a todos pela graça do Batismo. Ser Igreja é evangelizar, é compromisso contínuo e eterno do indvíduo ao assumir esta missão.

> Evangelizar é fazer o que Cristo fez, quando mostrou na sinagoga que veio para "evangelizar" os pobres (Lc 4,18-19). Ele "se fez pobre, embora fosse rico, para nos enriquecer com a sua pobreza" (2Cor 8,9). Ele nos desafia a dar testemunho autêntico de pobreza evangélica em nosso estilo de vida e em nossas estruturas eclesiais como Ele fez[59].

Assim, é claro que nesta vida pastoral, no agir do presbítero em meio ao seu povo, torna evidente e concreta esta ação evangelizadora. O ministro ordenado tem a missão de concretizar através dos meios necessários o pedido da Palavra de Deus. Diante das diversas circunstâncias surgem as necessidades que, por serem específicas, constroem um sistema pastoral cheio de organismos munidos de necessidades particulares e básicas. Estes organismos são as diversas pastorais existentes na Igreja, juntamente com os movimentos. Estes têm a missão de permitir ao pastor a compreensão de não estar sozinho nesta jornada, pois, nestas pastorais e movimentos, o povo realmente assume, com seu pastor, um "sacerdócio comum" responsável pela vida da Igreja, ou seja:

> Toda ação pastoral é, portanto, compreensível à luz da missão de Cristo que a Igreja continua em nosso mundo e em nossa história. Esta continuidade da missão ocorre dentro de uma tensão dialética entre Cristo e a Igreja, possibilitada pelo Espírito da Páscoa de Jesus. Graças a ele, os laços entre Cristo e a Igreja são grandes nas estruturas da unidade da missão; mas é também o Espírito que garante uma distinção de mistérios em que as relações só podem ser entendidas por analogia. Isso significa que há sempre uma distância entre a Igreja e Cristo, que se torna um apelo contínuo à fidelidade e um desejo de conversão. Ao adotar esta postura de comportamento, a Igreja de Jesus atualizará gradativamente a ação pastoral de seu Senhor e tornará presente ao mundo a eficácia salvífica de sua obra. Cristo, pelo seu Espírito, continua a atuar na ação pastoral da sua Igreja[60].

É dentro da vida pastoral que o presbítero encontra seu lugar, para configurar sua vida e ser feliz. Ali poderá realmente fazer as vezes de Cristo, num constante agir, o verdadeiro sacrifício de entrega, atualizado a cada dia. Atualiza Cristo para a vida da Igreja e do mundo. É o lugar dele exercer sua humildade, de construir sua identidade sem se prender às coisas não essenciais à sua vida. Den-

---

59. SD 178.

60. RAMOS, J.A. *Teologia pastoral*, p. 89. Segui a "voz" da dissertação.

tro desta realidade, torna-se exemplo de despojamento, de humildade, de pobreza e de obediência, num relacionar-se com Deus no agir com o seu povo.

Por isso, há a exigência de comprometimento e aceitação. Comprometer-se com Cristo e a Igreja. Aceitar, com todas as dificuldades possíveis, as intempéries da vida, sabendo aceitar as dos outros, bem como aceitar as próprias limitações. Assim, junto com o povo, com o presbitério e com o bispo, vencer as barreiras que impedem, tanto um como o outro, de se unir livremente a Deus com a alegria. Tudo se liga e tem explicação em Cristo, tendo como principal missão servir a Deus, amando como Ele nos amou (1Jo 4,19).

> No mais íntimo do nosso "eu" sacerdotal, graças àquilo que cada um de nós se tornou no momento da Ordenação, nós somos "amigos": somos testemunhas particularmente chegadas àquele amor que se manifesta na redenção. [...] O Filho Unigênito é que, por força deste amor, se dá a si mesmo pela salvação do mundo: pela vida eterna de todos e cada um dos homens, seus irmãos e irmãs. E nós sacerdotes, ministros da Eucaristia, somos "amigos": encontramo-nos particularmente chegados a este amor redentor, que o Filho Unigênito veio – e continuamente vem – trazer ao mundo. Ainda que isto provoque em nós um santo temor, devemos reconhecer, todavia, que, juntamente com a Eucaristia, o mistério desse Amor redentor se encontra, de certo modo, nas nossas mãos; que ele retorna diariamente aos nossos lábios; e, ainda, que se encontra inscrito, de maneira duradoura na nossa vocação e no nosso ministério[61].

Dentro da Igreja, o presbítero encontra seu lugar, e este é o meio propício para tal. O movimento pastoral é dinâmico e eficaz, a partir da disposição do ministro ordenado em praticar a obra restauradora de Cristo. Assim, no dia a dia, em espírito de oração como fonte preparadora da missão, o presbítero, se sentindo fortalecido e inspirado pela Palavra de Deus, vai em busca de sua realização na vida, na luta diária, configurando-se a Cristo. Fazer de sua vida um exemplo de inspiração às pessoas, mesmo neste tempo difícil e cheio de oportunidades diversas e, cheguem à verdade do chamado, sentindo-se impelidos a revelar Cristo que supre todas as necessidades, não precisando de "sinal" ou "gigas de memória" para chegar aos corações deste povo.

Não importa o tempo, nem o lugar, a questão do ministério presbiteral sempre será um mistério, revelando-se na ação conjunta do ministro com o seu povo, mesmo sabendo que este povo não tem poder de fazê-lo ministro por von-

---

61. JOÃO PAULO II, PP. Carta a todos os sacerdotes da Igreja por ocasião da Quinta-feira Santa de 1983, 2.

tade própria, mas dentro de uma consciência perpassante do tempo e do espaço, mediante o mistério do chamado, nitidamente observado por um "sim", mantido e alimentado pela força geradora de vida, podendo ser concebida apenas dentro de uma comunidade chamada Igreja. Desta maneira, o presbítero concebe sua vida ministerial, alimenta-se da Palavra, do Sacrifício Eucarístico, levando para missão o mistério de tudo isso e sendo ainda capaz de concernir à esta realidade, mesmo aparentemente mudada, o amor, sempre conduzido pelo Senhor.

Revelando-se na ação, muda-se o tempo e a história, vêm as guerras e a resolução pela paz, muda-se o jeito de se comunicar; porém, nada neste mundo pode aproximar Deus de uma pessoa de forma tão rápida, se não for pela mediação sacerdotal realizada pelo presbítero, porque é Deus mesmo agindo, fazendo-se presente como sempre prometeu: "Eis que estou convosco todos os dias, até o fim dos tempos" (Mt 28,20).

> No sacramento o ministro dá o que ele próprio não é capaz de dar; ele faz o que não provém dele mesmo; ele é portador de uma missão, sendo depositário de algo que outro lhe confiou. Por isso ninguém se pode autoproclamar sacerdote; por isto nenhuma decisão da comunidade pode instituir alguém no sacerdócio. Só do sacramento se pode receber aquilo que é de Deus, a missão de ser mensageiro e instrumento de outrem. Entretanto, é justamente esta entrega de si mesmo a um outro, este distanciar-se e expropriar-se de seu eu, no divino altruísmo deste ministério, que pode converter-se em verdadeiro amadurecimento e realização humana[62].

Os desafios são muitos e, atualmente, dentro de uma sociedade ainda marcada por vários desequilíbrios sociais, há de se conceber que é deste meio onde deve sair quem irá, em nome de Cristo e ordenado para isto, enfrentar esses desafios, frutos do seu tempo, mas que não deixam de trazer as cicatrizes do passado, ainda refletindo muito na vida do Povo de Deus. Parece sempre existir a necessidade de um "êxodo", no qual a libertação é necessária. Daí também brota a necessidade do surgimento de novos profetas que ajudarão, com conhecimento de causa, este povo chegar novamente à sua "terra prometida".

É longo o percurso; as mudanças sociais e econômicas parecem obscurecer a necessidade de Deus. No entanto, dentro de cada época e mesmo nas diversas culturas, pela luta de muitos e pelo enfrentamento fraterno e solidário, soube-se dar e colocar no coração das pessoas que Deus é quem realmente pode ajudar. É Ele, na sua "unidade", o verdadeiro promotor da paz, colocando o seu povo na

---

62. RATZINGER, J. *Compreender a Igreja hoje*, p. 72.

estrada da libertação, caminhando junto pela graça, agindo pelas mãos e pela luta diária de tantos presbíteros que não cansam de se doar diariamente para não faltar Deus na vida de seu povo, na sua mesa, no seu lar, no seu trabalho, em tudo relacionado à vida. No enfrentamento da vida, mesmo nas dificuldades, a presença de Deus traz conforto e esperança ao ser humano, permitindo que este jamais desista de viver e lutar com fé para chegar à plena felicidade.

O presbítero está no meio do povo onde Deus também está. O chamado é sempre de Deus e, a resposta, do homem. Isto todos sabem, mas a questão demonstra, em cada tempo, o homem se perdendo e de novo tentando se encontrar para dar resposta a si mesmo do que realmente é. Se o ser humano se perde nesta resposta, imagina perguntar a ele quem é Deus? É certo a existência da resposta e, para isto, não se pode perder a experiência do passado, muito menos a experiência real do hoje, porque é neste meio o encontro consigo mesmo e com Deus.

> Vocação significa chamar alguém (pelo nome) e, biblicamente, designa eleição para uma missão ou função determinada. Ao chamado corresponde uma resposta livre e decidida. Somente há resposta quando se escuta o chamado. O ser humano bíblico se descobre na relação com o Deus que chama. O ser humano não se autocompreende apenas porque Deus lhe confere uma vocação, nem se sente orgulhoso e protagonista de uma missão. [...] Em termos antropológicos, a resposta de Deus à pergunta do ser humano sobre si mesmo, ou seja, à pergunta "quem sou eu...?" é a promessa de sua presença e proximidade. [...] O que ocorre é que essa pergunta alcança um nível ainda mais profundo pelo fato de que a pergunta pelo mistério do ser humano é colocada em contraste com a pergunta por um mistério ainda maior, que é Deus, o qual, "[...] ao acolher o ser humano, revela-se a ele". É, portanto, nesse diálogo, nessa "negociação" com Deus que o ser humano bíblico descobre a resposta tanto para a pergunta "quem sou eu" como para a pergunta "quem é Deus". O fato de que a iniciativa, o primeiro passo em direção ao ser humano, proceda de Deus qualifica e determina cada pessoa humana como um "ser respondente". [...] Esta seria a matriz fundamental da antropologia bíblica: "O ser humano existe diante de Deus (*coram Deo*) e como resposta à Palavra interpeladora de Deus"[63].

É em meio a estes conflitos e certezas que o homem se encontra, relacionando-se com os seus semelhantes e com Deus. No enfrentamento diário descobre sua verdadeira vocação. A resposta, de imediato, só depende dele. Deus o

---

63. BRUSTOLIN, L.A. & FONTANA, L.L.B. *A existência humana como resposta*: A antropologia cristã à luz da compreensão bíblica do ser humano, p. 144-145.

conduz neste emaranhado de situações oferecidas pelo mundo. Neste ambiente está o homem vocacionado com o compromisso de tornar o seu meio um lugar melhor para viver, onde a liberdade existe, e o pecado, mesmo que presente, seja motivo de luta e enfrentamento para que deixe de ser "sinal de morte" e , assim, o mundo e as pessoas sejam melhores. Para o indivíduo combatente, a vida torna-se enfrentamento; carregar a cruz é missão e com isto se sabe que o Senhor jamais abandona aquele que se põe a serviço. O presbítero, na entrega diária, descobre a razão plena do chamado feito por Deus, atualizado no sim de cada um através dos tempos e para todo o sempre. A vida torna-se doação, sacrifício e comunhão para o ministro que soube, de todas as formas, se doar para que, a humanidade descubra o verdadeiro valor da vida.

A vida do presbítero está na doação diária, independente do tempo e do espaço; mas é no lugar onde se encontra que Deus se revela, na sua vida e na vida do seu povo. Não há porque se sentir abandonado, desde que não se abandone o seu propósito e principalmente o propósito divino; ao contrário, cultive a unidade com o seu povo e em especial com seu bispo junto ao presbitério. São várias as razões para se continuar na missão. A felicidade está em jogo, mas é pela liberdade que a resposta é apresentada, possibilitando contribuir com Deus no seu jeito de amar servindo, no seu jeito de servir amando.

> Lembrem-se os presbíteros que nunca estão sós no trabalho a ser feito, mas sustentados pela força de Deus onipotente: e crendo em Cristo, que os chamou para participar de seu sacerdócio, dediquem-se com toda confiança ao seu ministério, sabendo que Deus é poderoso para aumentar neles a caridade. Lembrem-se também que têm por companheiros irmãos no sacerdócio e mesmo fiéis de todo o mundo. Todos os presbíteros cooperam na realização do projeto salvífico de Deus, isto é, do mistério de Cristo ou sacramento escondido há séculos em Deus (Ef 3,9), que não é levado a efeito a não ser pouco a pouco, com a colaboração dos diversos ministérios na edificação do Corpo de Cristo, até alcançar a medida da sua idade. [...] Na verdade, o dispensador dos mistérios de Deus pode ser comparado ao homem que semeia no campo, de quem o Senhor disse: "Quer ele esteja dormindo ou acordado, de dia ou de noite, a semente germina e cresce, sem que ele saiba como" (Mc 4,27)[64].

"O ministério presbiteral está intimamente relacionado com a autocompreensão da Igreja"[65]. Tivemos mudanças nos aspectos que identificam o minis-

---

64. PO 22.

65. HACKMANN, G.L.B. *A identidade presbiteral depois do Vaticano II*, p. 1091.

tério presbiteral, bem como seu valor para a Igreja. A identidade de ambos passa por um sistema de renovação, questionando o existir e o agir no mundo, gerando muitas interrogações. O Vaticano II, sem intenção, lança a problemática pastoral e existencial, mas não deixa de valorizar o agir e o ser do presbítero como realidades teológicas inseparáveis.

A relação entre o presbítero e a Igreja se situa dentro de uma realidade que ultrapassa a categoria simplesmente existencial. O fato de se configurar a Cristo (Cabeça) não tira do presbítero a necessidade de se ver configurado à Igreja (Corpo). Sua identidade se dá não por *status*, mas pelo dom exercido a partir de uma postura ética/pastoral determinante para a intensidade da resposta, diante da missão confiada por Deus na Igreja.

Dessa maneira, a construção da identidade presbiteral passa por um período constante de formação tanto pessoal = humano-afetiva, intelectual, espiritual – quanto na construção dos verdadeiros valores, expressando a vontade de crescimento diante de Deus, diante da Igreja, diante do próximo. Assim, a consequente necessidade formativa determina o crescimento ético, em todas as dimensões, de quem busca configurar-se a Cristo e à Igreja, à responsabilidade pastoral, não como um aspecto simplesmente "profissional", mas como participante essencial no projeto do Reino.

Portanto, ao levarmos em conta a vida dos presbíteros, a partir do olhar iluminado do Concílio, vê-se que a *Presbyterorum Ordinis* procura demonstrar o valor imensurável da vocação missionária de levar o indivíduo à perfeição. A união com Cristo faz do presbítero um homem que deve buscar viver a santidade. O Sacramento da Ordem tem a finalidade de configurar cada presbítero a Cristo, por uma graça especial, levando-o à perfeição do Sumo e Eterno Sacerdote: "santo, inocente, sem mancha, separado dos pecadores... (Hb 7,26)". Ao realizar os ritos sagrados a cada dia, o presbítero se mortifica, dedicando-se totalmente ao serviço dos homens. Em união com o bispo exerce, pela graça da caridade pastoral, a fraternidade com os irmãos de presbitério, dispondo assim à perfeição da própria vida. No esforço diário e ascese, no que concerne a recomendação da Igreja, há a luta por alcançar uma santidade cada vez maior e consciente.

No meio de tantos deveres, o presbítero se vê contido em muitas obrigações e responsabilidades. "A busca da identidade comporta, certamente, questionamentos e dúvidas para a vida presbiteral, uma vez que o presbítero é um ser humano com desejos [...] e anseios de realizações pessoais"[66]. Há uma missão a

---

66. FERREIRA, S. *A vida dos presbíteros nas dioceses do Brasil*: Desafios e perspectivas a partir dos encontros nacionais, p. 146.

cumprir e olhar para o futuro exige luz e discernimento, havendo o perigo de os presbíteros se dispersarem por muitas coisas, não encontrando o rumo ou a direção certa a ser tomada. A atualidade e os sinais dos tempos revelam desafios; assim, é preciso estar atento aos mesmos, pois torna-se necessária uma leitura real do Concílio para que ele não revele sombras, mas seja luz, permitindo a vida interior do presbítero unir-se à sua vivência e à ação exterior. É evidente a existência de uma fadiga na recepção do modelo conciliar de Igreja. Com todas as oscilações, as tensões do pós-Concílio, desvencilhar-se da teoria e agir na prática, tornaram-se um grande desafio; não obstante, até os dias de hoje, ainda se dá importância ao modelo de ministério tridentino.

Capítulo 2 | Testemunho, sentido e identidade – Atualidade presbiteral

Como já dito, é na vida pastoral que o presbítero encontra seu lugar. Assim, deixa-se identificar e se revela à toda Igreja pela missão desempenhada, pela caridade pastoral realizada diante do presbitério ou de sua comunidade religiosa. Busca-se formar e, de um jeito ou de outro, como pessoa, apresenta destaque ao que realmente é importante na sua vida, não se deixando levar por isto ou aquilo, mas simplesmente pelo Cristo, por tudo proposto pela Igreja para seu crescimento pessoal e discernimento vocacional.

> O amadurecimento moral requer a formação da consciência, e esta, por sua vez, implica um trabalho complexo, dinâmico, gradual e articulado, dentro de horizontes de responsabilidade pessoal e comunitária. A formação da consciência moral não se dá de modo tranquilo: as influências internas e externas ao próprio indivíduo determinarão evoluções e/ou involuções no processo da configuração moral pessoal[67].

Desta forma, porém, é importante dizer que, em muitos momentos, os aspectos visíveis da identificação são cruciais para a apresentação da pessoa aos outros, pois constituem um dos principais elementos de reconhecimento. Assim, muitos papéis sociais são percebidos e reconhecidos por meio de marcas como roupas, sinais corporais ou sinais distintivos, pois fazem parte de uma "fachada pessoal" requerendo identificar um "rosto" da pessoa. Este rosto se identifica com o externo, demonstrando a pessoa, independente dos fatores que condicionam seu caráter ou sua conduta interior.

> Tenho usado o termo *performance* para me referir a toda atividade de um indivíduo que ocorre durante um período marcado por sua presença contí-

---

67. FERREIRA, W. *A formação da consciência moral nas novas comunidades*, p. 77.

nua diante de um determinado conjunto de observadores e tem alguma influência sobre eles. Será conveniente dar o nome de "fachada" (*front*) à parte do desempenho do indivíduo que funciona regularmente de forma geral e predeterminada, a fim de definir a situação em relação a quem observa tal ação. A fachada, então, é a dotação expressiva do tipo corrente usada intencional ou inconscientemente pelo indivíduo durante sua *performance*[68].

No entanto, frequentemente, estabelecem-se limites a este regime de visibilidade e se percebe o jogo, ou o perigo, representado pelo drama quotidiano quando se desvenda o encobrimento, o disfarce ou a impostura. Assim, a partir dessa relação entre o perceptível e os supostos conteúdos sociais, surgem contraposições entre "ver e acreditar"/"ver e confiar", tensões inerentes ao campo ético normativo do catolicismo tradicionalista.

Para iniciar o percurso, faz-se aqui uso da semiótica, procurando estabelecer um significado que o sinal externo deseja representar e comunicar, ajudando assim a chegar a uma conclusão a respeito do assunto aqui tratado, no caso a ética estabelecida no agir presbiteral. Antes do Vaticano II, os sinais externos eram muito comuns aos presbíteros, ajudando a definir a diferença entre os vocacionados e as outras das pessoas da sociedade. A batina, o hábito, a tonsura e outros sinais externos definiam ou expressavam a forma de agir de cada indivíduo, bem como o estágio em que se encontrava na formação alguém diferente do resto da sociedade.

A identidade do presbítero surge da configuração de um sistema significativo, em que os aspectos externos são cruciais. Partindo de uma análise figurativa, a partir dos processos de nominalização, do conteúdo semântico dos termos "clérigo", "padre" e "pároco", conclui-se que falar destes três personagens discursivos implica relações espaçotemporais com efeitos de identidade diferenciados.

Desse modo, considera-se que a aparência externa constituía, então, um aspecto fundamental na configuração identitária do presbítero no século XIX, justificando a análise de aspectos expressivos como o tom e o traje do presbítero. Como a questão externa não entra em questão no presente trabalho, tencionando apenas identificar um tempo no espaço formativo que os sinais externos, de certa forma, expressavam a conduta, o agir das pessoas utilizadoras desses sinais. Portanto, é importante ressaltar que a condição religiosa cristã não dependia de um regime de visibilidade, mas de uma vida interna devidamente pensada, expressando pelo visível a sua real importância.

---

68. GOFFMAN, E. *La presentación de la persona em la vida cotidiana*, p. 33-34. Segui a "voz" da dissertação.

A organização eclesiástica tem o seu valor na proposta destacada como instrumento de ajuda para um correto agir no ministério presbiteral. No entanto, neste trabalho, procurar-se-á mostrar como o princípio do "olhar e crer", a herança latina, ganha relevância na história do catolicismo romano; e como, a partir daí, o valor dos sinais externos de diferenciação social, do tecido, das marcas corporais, como elementos de distinção, são reivindicados. Surge assim um regime de visibilidade baseado na identificação exterior do clérigo, particularmente através da tonsura e daquilo que se veste.

O cristianismo, e mais propriamente o catolicismo, rompeu com as concepções de corpo consideradas pagãs, onde ele era visto como "uma prova da criatividade dos deuses"[69], e deu continuidade a uma ordem visual em que o exterior, a aparência, se constituía em aspectos fundamentais na experiência social da religião. A partir daí, o exterior passou a se constituir como importante reflexo de uma identidade institucional e de certos valores éticos.

> São Paulo, o apóstolo, quando visitou Atenas, ainda que por poucos dias – estima-se que ao redor dos anos 50-55 – horrorizou-se. Não só por aquela descarada exposição de paganismo em céu aberto, pela quantidade incrível de ídolos de mármore e de bronze, mas porque eles estavam assim como Deus os criara. [...] Significativamente foi um homem das areias, um morador da beira do deserto, Santo Agostinho, o bispo de Hipona, na Tunísia de hoje, quem lançou o mais pesado manto de condenação sobre a nudez do paganismo agonizante. [...] Tirando o rosto, nada deveria ser mostrado em público. A pele exposta passou a ser uma afronta, até um braço nu podia parecer uma perdição. O corpo, prisão da alma, era o principal suspeito de pôr um cristão a perder. Então, durante os mil e quinhentos anos seguintes – do decreto de Teodósio suprimindo em 393 com os jogos olímpicos até sua restauração pelo Barão de Coubertin em 1896 –, o Ocidente, vexado de si mesmo, carregado de culpas por ser feito de carne e de sexo, assaltado por pudores, encobriu com capas e panos os seus membros e os seus músculos[70].

Conforme o exposto, o figurativo ganha um lugar central, em particular as marcas corporais como a tonsura, passam a compor uma retórica clerical expressa por meio de um escópico, ou seja, uma expressividade estruturada em frases visuais, orientada a produzir certos efeitos de apreciação no destinatário,

---

69. SCHILLING, V. *O Corpo*: no paganismo e no cristianismo.

70. SCHILLING, V. *O Corpo*: no paganismo e no cristianismo.

envolvendo, também o corpo, visto que este se manifesta como a superfície de sua inscrição[71]. Materializam-se como estratégias destinadas a despertar sensibilidades, por meio de alegorias de valores cristãos ou "virtudes", manifestadas justamente pelo uso e cuidado do perceptível. O efeito mais curioso dentro do regime expressado pela valorização do sinal externo, estabelecido pelo catolicismo tradicionalista, é a impossibilidade de evitar a problemática de escolher sinais externos como formas de representação de certas virtudes, porque como diz o velho ditado "o hábito não faz o monge", e, por essa razão, o porte de uma determinada marca não garante uma certa experiência interior. Muitos anos depois, essa contradição emerge e esse regime de visibilidade sofre um repensar dramático, rasgando a suposta homogeneidade desse sistema semiótico e anunciando sua pluralização problemática.

Com as chamadas "invasões bárbaras", ocorridas entre os séculos III e VIII, os leigos foram gradativamente adotando as modas dos dominadores, os clérigos, aparentemente guiados por um critério de distinção, preservaram a vestimenta tradicional, oposta à moda, conservando a dignidade dada pela Sagrada Ordenação[72].

Além disso, inicia-se uma história de marcantes influências da vida monástica sobre o surgimento do clero secular, pretendendo demonstrar que, através do uso de uma determinada vestimenta, há simplicidade dos costumes. Desta forma, muitos padres e bispos seculares adotaram formas semelhantes aos trajes dos monges.

Entre os séculos VII e IX, iniciou-se a atribuição das diferentes vestes às várias ordens, tornando-se um indicador do nível de cada clérigo na pirâmide clerical. Finalmente, o Concílio de Trento dedicou toda a Seção XIV, Capítulo 6 da Reforma, à questão do hábito, apontando seu caráter como sinal de distinção, pureza interior e obediência às normas episcopais. O tridentino não determinou uma forma precisa para o traje, pois deixou a cargo do bispo, que deveria conhecer melhor o clima e os costumes da região, determinando assim seu aspecto.

Embora a análise anterior tenha enfatizado o caráter figurativo do traje clerical, torna-se mister agora aprofundar os elementos discursivos relacionados aos sistemas de valores que esse discurso atualiza. Para tanto, em relação ao ditado popular "o hábito não faz o monge", de forma textual, a expressão indicada prescreve, em primeiro lugar, conveniente, no entanto, que o clero sempre use roupas

---

71. MANDOKI, K. *Prácticas estéticas e identidades sociales*, p. 29-41.

72. VIERA, C. *El Hieroteo*, p. 394-395.

correspondentes à sua própria ordem, para que pela decência do hábito, vestimenta externa, eles manifestem a bondade interior de seus costumes.

Nessa afirmação, a intertextualidade é múltipla. Por um lado, as atas do Concílio de Trento citam, em seguida, uma expressão, finalmente atualizada para muitos leitores contemporâneos, pois continua a ter validade e uso comum. É interessante observar como a figura do "hábito de monge" serve para representar um quadro geral da possível discordância entre o interno e o externo.

Além disso, quando se diz que o "hábito não serve", é negado como única condição para reconstituir, sob o olhar de um possível destinatário, o "ser" do "monge", faltando, por pressuposto, elementos que indicam a bondade interior dos seus costumes. Finalmente, ao incluir a referência explícita à "decência" e à "bondade", um esquema duplamente dicotômico é constituído: em que o interior pode ser dividido em termos de "bom/mau" e o exterior em "decência/indecência".

Essa tensão entre o interior e o exterior afeta diretamente a semiótica, pois os sinais, neste caso, constituirão o ponto de mediação. Portanto, se o sinal, localizado no plano externo, é de tal importância, o cuidado dos sinais pelo clero será um aspecto crucial.

Porque, embora o bem (como idealidade e valor abstrato) não tenha uma correlação direta com o visível, ele está relacionado, no entanto, com a decência, enquadrada no plano do que é manifestado e perceptível. E isto começa a identificar o caráter do indivíduo. Mais tarde, essa "textura" formal externa torna-se um caráter fundamental da ética do clérigo, porque o catolicismo tradicionalista escolheu o cuidado da aparência externa como um aspecto crucial da crença, como estratégia institucional voltada para a sensibilidade dos possíveis destinatários. Consequentemente, a limpeza, o esplendor, o decoro dos sinais integradores deste sistema semiótico serão cruciais na experiência religiosa, tornando-se condição fundamental para o bom presbítero, que deve vestir os hábitos adequados, da maneira adequada.

O momento crítico desse regime de visibilidade aparece no século XX, acompanhado do surgimento de uma sensibilidade antiburguesa, como Lida Miranda chama esse movimento fortemente manifestado na América Latina, especialmente nos círculos juvenis, com rupturas de valores tradicionais e uma nítida rejeição do que é considerado elitista, permeando e se manifestando no catolicismo:

> Essa nova forma de sensibilidade antiburguesa deu o tom para o catolicismo do final dos anos de 1950. Não era própria e exclusiva dos católicos, aliás, mas foi graças a ela que o catolicismo poderá recuperar o seu dinamismo. Essa sensibilidade estava frequentemente presente entre os jovens que vinham de famílias de classe média e burguesas, que rejeitavam as conven-

ções dos mais velhos. Expressava-se numa rejeição visceral de tudo o que parecia burguês em suas formas: o rural era preferido ao urbano; o artesão à massa produzida; a cooperativa em vez da propriedade privada ou grande indústria; música folclórica ou étnica àquela feita nas indústrias culturais modernas; o compromisso de visitar as aldeias e partilhar experiências com os habitantes do interior, em vez da indiferença do burguês que lança um olhar fugaz sentado confortavelmente no seu veículo[73].

No Concílio Vaticano II, a própria Igreja incentivou e promoveu o "retorno contínuo às fontes de toda a vida cristã"[74]. Isso se manifestou no caso da vestimenta eclesiástica com as seguintes palavras:

> O hábito religioso, como sinal de consagração, seja simples e modesto, pobre e decente, que se adapte também às exigências da saúde e às circunstâncias do tempo e do lugar e se adapte às necessidades do ministério. O hábito de homens e mulheres que não esteja de acordo com essas normas deve ser modificado[75].

Embora a exigência de modéstia não fosse nova, observando que a batina era vista como um elemento de luto e desobediência, essa mudança na concepção do papel da vestimenta eclesiástica obtém resultados drásticos na aparência do clérigo. Isso se reflete no fato de que, a partir de então, a batina só teria importância em algumas regiões ou para certas funções rituais. Ao contrário, o hábito talar, o uso do colarinho eclesiástico, é generalizado como traje eclesiástico, sendo a marca distintiva mais geral para os presbíteros. Quanto à tonsura eclesiástica, ela desaparece definitivamente como marca de distinção ou ordenação[76].

> Nesse debate e ruptura está o confronto entre uma teologia do sagrado e uma teologia da secularização. O segundo defende o abandono do traje clerical e o primeiro continua a defender o uso de signos externos como marca de distinção e consagração. Aqui fica o limite de um debate cujo interesse recai sobre os usuários dessas vestimentas. No entanto, deve ser afirmado que a identidade clerical institucionalmente predicada é baseada em sistemas semióticos significativos. Esses sistemas levam à configuração de certas formas de vida, ou seja, representações institucionalizadas e codificadas, capazes de ancorar a expressão no sentido da práxis cotidiana e se

---

73. MIRANDA, L. *Catolicismo y sensibilidad antiburguesa*, p. 9. Por mim mesmo.

74. PC 2.

75. PC 17.

76. RINCÓN, V.; JANER, J. *El hábito no hace al monje*, p. 330.

decretar por meio de práticas discursivas, manifestando assim raízes sensíveis do simbólico de organizações coletivas, numa perspectiva que atinge a semiótica das culturas[77].

Sem dúvida, essas formas de expressão se devem à prioridade dada ao visual na cultura ocidental, ao fundamento barroco e ao realismo transcendente típico do catolicismo tradicional.

Surge uma crise a ser tratada e trabalhada, mas a exterioridade que representa a manifestação da presença presbiteral no mundo, no ambiente de trabalho, na missão desenvolvida, não deixa de ter sua importância; mas a interioridade, a vida e a pessoa do presbítero têm relativa importância, precisando de cuidado e preservação. O que se possui ou o que se tem de material não expressa importância para o Senhor, "que não tem onde reclinar a cabeça" (Lc 9,58).

Por isso, ater-se a esta "crise" de mudança do significado externo para o interno é predominante na caracterização do caráter presbiteral e permite chegar a uma verdadeira identidade que não foi desconstruída, mas fortalecida com o passar do tempo e da história.

> A crise designa uma situação na qual a realidade humana, pessoal ou social, emerge de uma etapa considerada "normal" para ingressar numa fase "nova" ou ainda inexplorada de sua existência. É um "momento crítico" em que a pessoa se questiona radicalmente a si mesma seu destino, o mundo cultural que a cerca e é convocada não a opinar sobre algo, mas a se decidir acerca de algo. [...] A crise "resolve" uma situação, mas ao mesmo tempo designa o ingresso numa nova condição, que suscita seus próprios problemas. Dentre as realidades humanas propensas à crise está a identidade pessoal que, de alguma maneira, repercute na identidade coletiva e vice-versa. Assegurar que a identidade pessoal e cultural passa por uma crise implica determinar os fatores que a geram[78].

Assim, ao se preocupar com a interioridade, se conhece mais de perto a realidade de cada pessoa, sua origem, sua cultura, suas raízes. Não se deixa de lado a importância dos aspectos externos pelo uso da semiótica destacado acima, mas a aspiração para com isto, dentro de uma preocupação formativa e essencial para a "identificação" da pessoa do presbítero, fazer uso de princípios éticos, de uma deontologia que mostra, através das escolhas certas, o caminho a ser percorrido

---

77. RINCÓN, V.; JANER. J. *El hábito no hace al monje*, p. 330-331.

78. CASTRO, V.J. *A identidade do sacerdote midiático no ciberespaço*, p. 46.

para chegar a uma realidade consciente, precisa e determinante, expressando, na sua concretude, a verdadeira identidade do presbítero.

Esta realidade entra em confronto com o tempo vivido, sabendo-se que, mesmo diante de tantas crises, a Igreja soube se reconstruir e se fortalecer não se servindo de outras pessoas, mas sim de homens dedicados à missão que, mesmo inseguros em frente a tantas mudanças, não deixaram de lado seu compromisso. Juntos, com o Povo de Deus, de onde saíram, continuaram a responder sim ao chamado proposto, dando continuidade ao projeto de Cristo, vivendo por Ele e morrendo por Ele. A interioridade reflete a necessidade de se reconhecer verdadeiramente responsável, apto para conduzir a missão dada por Cristo e oferecida pela Igreja.

Como afirmara São João Paulo II: "somos devedores desta graça", desta maneira, gratos e responsáveis por dar continuidade àquilo que o Mestre deixou como missão. Ao ser chamado por Ele, não há como conceber o ministério presbiteral sem ter a consciência deste compromisso com o Senhor, com o seu povo. Portanto, é dupla esta "dívida", mas a melhor resposta está justamente no conjunto de valores que formaram e formarão a pessoa do presbítero, resultando na resposta diante de tão grande mistério.

> Sim, irmãos, nós somos devedores! Foi como devedores da graça imperscrutável de Deus que nós nascemos para o sacerdócio, nascemos do coração do próprio redentor, no momento central do seu sacrifício na Cruz. E simultaneamente nós nascemos do seio da Igreja, povo sacerdotal. Este povo, de fato, é como que o terreno espiritual das vocações, o terreno cultivado pelo Espírito Santo que é o Paráclito da Igreja para todos os tempos[79].

É evidente que é inevitável o confronto com a realidade, principalmente na atualidade. O presbítero está inserido na dinâmica do meio, precisando confrontar a sua vida com tudo o que a sociedade moderna oferece para, assim, munido de valores e responsabilidades, não deixar certas interferências definirem sua identidade. Os problemas são muitos, mas em nenhuma época da Igreja eles deixaram de existir. O novo Concílio não lançou sombras sobre o futuro, ele veio ajudar, com toda sua riqueza aparentemente teórica, a levar o presbítero a assumir uma prática consciente, mais participativa na vida da Igreja como um todo.

> Nos últimos cinquenta anos produziu-se uma mudança de aspectos importantes na situação tanto universal quanto particular das Igrejas. Até o ponto de poder ouvir com certa frequência: "esta não é a Igreja que eu conheci",

---

79. JOÃO PAULO II, PP. *Carta a todos os sacerdotes da Igreja por ocasião da Quinta-Feira Santa de 1989*, 3.

na boca de alguns presbíteros com certa idade, os que foram ordenados no pós-concílio e viveram os últimos pontificados. Algumas vozes críticas questionaram seu compromisso eclesial em virtude da radicalidade de tais mudanças de perspectiva ministerial[80].

O grande problema é se iluminar, havendo a possibilidade de se ver outras coisas, de certa forma, já existentes, mas no pós-concílio vieram à tona, fazendo com que a Igreja visse a necessidade de trabalhar com mais afinco, não para identificar o problema, pois ele já existe, mas para solucioná-lo ou achar caminhos para o mesmo não interferir na realidade, sabendo que no "compromisso pela Igreja o presbítero alimenta a sua generosidade, a sua disponibilidade, o seu espírito missionário"[81]. Os problemas diante dos "olhos" da Igreja são tão atuais quanto de qualquer outro tempo. Resta identificá-los, pela proposta da Igreja, achando meios que ajudem a resolvê-los. Não é olhar para o passado, mas olhar para a própria Igreja hoje e saber que Deus não a quis com outro rosto, pois ela "não tem outra luz senão a de Cristo. [...] comparável à lua, cuja luz toda é reflexo do sol"[82].

> Só do sacramento se pode receber aquilo que é de Deus, a missão de ser mensageiro e instrumento de outrem. Entretanto, é justamente esta entrega de si mesmo a um outro, este distanciar-se e expropriar-se de seu eu no divino altruísmo deste ministério, que pode converter-se em verdadeiro amadurecimento e realização humana[83].

O testemunho é necessário, mas só encontra sentido na realidade demonstrada no dia a dia, na vivência da missão. Diante do chamado proposto, a identidade se revela mesmo frente aos problemas; a Igreja descobre em si mesma os verdadeiros valores, não se limitando ao tempo, mas se enriquecendo com ele.

2.1 O Ativismo presbiteral – Problemas cotidianos

As formas como cada presbítero trata sua vida ministerial estão diretamente relacionadas à caridade pastoral, desenvolvida anteriormente e tratada como fruto da união inseparável dos múnus que regem, dando razão de existir ao ministério presbiteral. Esta caridade pastoral entra em destaque fortalecendo-se no desenvolvimento dos conselhos evangélicos conotados neste trabalho como um

---

80. NORIEGA, R. *Ministério Sacerdotal – A responsabilidade ética na arte de servir*, p. 127.

81. NORIEGA, R. *Ministério Sacerdotal – A responsabilidade ética na arte de servir*, p. 127.

82. CEC 748.

83. RATZINGER, J. *Compreender a Igreja hoje – Vocação para a comunhão*, p. 73.

meio prático e eficaz para se viver o Evangelho, além de ser sinal, um verdadeiro estímulo à caridade.

Os problemas cotidianos voltados ao ministério, bem como aqueles frutos de uma atividade fora do comum pertinentes ao que realmente se dá importância para se viver o dia a dia do ministério, estão diretamente relacionados à condução e vivencia desses conselhos; por isso, a partir de cada um – a obediência, a pobreza, a castidade (relacionada aqui em especial ao celibato) – se quer direcionar e destacar os valores de se viver a plenitude do Sacramento da Ordem, buscando o equilíbrio na vivência, na condução conjunta destas importantes ferramentas a respeito do exercício do próprio ministério, pois para ser permanentemente fiel à missão, ser sinal transparente de Cristo Bom Pastor numa comunidade eclesial, cada presbítero deve concretizar, em sua própria vida, o radical seguimento evangélico de Cristo.

> A caridade pastoral corre, sobretudo hoje, o perigo de ser esvaziada do seu significado pelo assim chamado *funcionalismo*. Com efeito, não é raro notar, mesmo em alguns sacerdotes, o influxo duma mentalidade que tende erroneamente a reduzir o sacerdócio ministerial só aos aspectos funcionais. Ser padre consistiria em realizar alguns serviços e em garantir algumas prestações de trabalho. Tal concepção, redutora da identidade e do ministério do sacerdote, corre o risco de lançá-lo num vazio que, muitas vezes, é preenchido por formas de vida que não estão de acordo com o próprio ministério. O sacerdote que sabe ser ministro de Cristo e da Igreja, que age como apaixonado por Cristo com todas as forças da sua vida ao serviço de Deus e dos homens, encontra na oração, no estudo e na leitura espiritual a força necessária para vencer também este perigo[84].

O presbítero deve possuir os mesmos sentimentos de Cristo Bom Pastor, que soube despojar-se do seu próprio "eu" para encontrar, na caridade obediente, casta, pobre, a via essencial da união com Deus e da unidade com os irmãos (Fl 2,5).

À semelhança de Cristo, cada presbítero, vivendo na prática os conselhos evangélicos, deve fazer do próprio ministério uma doação total de si próprio, em tudo que é e possui, sem reservas (pobreza), sem pertencer-se (obediência), como esposo fiel de uma comunidade confiada a ele, pelo seu bispo ou superior hierárquico (castidade no celibato).

---

84. DMVP 55.

O chamamento para seguir o caminho dos conselhos evangélicos nasce *do encontro íntimo com o amor* de Cristo, que é amor redentor. É com este amor, exatamente, que Cristo chama. Na estrutura da vocação, o encontro com este amor torna-se algo especificamente pessoal. Quando Cristo, "depois de vos ter fitado, vos amou", chamando cada um e cada uma de vós, amados Religiosos e Religiosas, aquele seu amor redentor foi dirigido a uma determinada pessoa, adquirindo ao mesmo tempo *características esponsais*: tornou-se *amor de eleição*. Tal amor abrange a pessoa toda, alma e corpo, seja homem ou mulher, com o seu único e irrepetível "eu" pessoal[85].

A chave da questão está justamente no jeito do presbítero, de certa forma, gerenciar o seu "eu". O consciente e inconsciente são verdadeiras riquezas, onde encontra-se o verdadeiro mistério da vida de cada indivíduo, não sendo diferente para a pessoa do presbítero. Quem possui a chave para decifrar este mistério é o próprio indivíduo. Muitas vezes, tenta-se abrir o "eu secreto" com a chave errada, pois ao invés de buscar a si mesmo tenta fazê-lo através do problema do outro, ou do problema da instituição, ou ainda, pensando no que "pode vir a ser", algo puramente no campo da imaginação ou da suposição com valores que não acrescentam absolutamente nada na vida pessoal e muito menos na vida ministerial.

> A inconsistência vocacional é justamente esse contraste interno, como uma ruptura intrapsíquica que põe a pessoa em contradição consigo mesma, tornando-a inconclusiva naquilo que faz, pouco convicta das suas "convicções", menos apaixonada por seus ideais e, portanto, não convincente daquilo que diz e instável em suas operações. Com efeito, as suas energias não vão todas na mesma direção transcendente, mas são desviadas para objetivos outros, debruçadas sobre seu eu e sobre as suas economias subjetivas (=necessidades psicológicas), enfraquecendo inevitavelmente a pessoa, ou impedindo-a de amar com todo o coração, com toda a mente, com todas as forças. É o indivíduo que tem olhos mas não "vê", tem ouvidos mas não "ouve" [...] ou vê e ouve com uma atenção e sensibilidade pilotadas por forças instintivas ainda não evangelizadas, e que facilmente exporão esse indivíduo à crise, exatamente quando tais expectativas não forem gratificadas[86].

Desta forma, é necessário ter consciência daquilo que é verdadeiro e necessário para a vida do presbítero. Daí a necessidade de formação. E, para isso, os conselhos evangélicos são importantes ferramentas para esta compreensão e

---

85. RD 3.

86. CENCINI, A. *A hora de Deus* – A crise na vida cristã, p. 27.

colaboram no percurso formativo como pontos determinantes na consecução da identidade presbiteral.

2.2 A obediência - Pertença ao Reino

A reflexão, a partir da virtude da obediência, mostra o presbítero no exercício de seu ministério, no atendimento, no aconselhamento pastoral ou na confissão, um exímio colaborador e servidor do outro, conseguindo penetrar com a chave certa em áreas do "eu do outro", ajudando-o a dar passos significativos de mudança, transformação de seu interior e de sua vivência cristã, ajudando-o a centrar-se a ver um novo horizonte para a vida. Porém, quando se depara com a própria vida do presbítero, vê-se que esta atitude ministerial é fruto de algo bem trabalhado, uma busca diária, fazendo o indivíduo se sentir capaz de continuar a missão como fonte de "doação da própria vida até a morte de cruz" (Fl 2,5-11). Como fiel colaborador, segue o exemplo de Cristo que, obediente à vontade do Pai, redime a humanidade[87]. Imbuído desta mesma obediência redentora, enquanto fiel reprodução do Mistério Pascal de Cristo na própria vida ministerial, o presbítero será para a sua comunidade, para o Povo de Deus, sinal de total disponibilidade à vontade salvífica de Deus, ao procurar renunciar primeiramente a si mesmo, entregando-se completamente aos mistérios contidos na Providência Divina.

No entanto, muitas vezes, o presbítero pode encontrar-se em uma "situação de encruzilhada", quase sempre relacionada à sua vida afetiva, psíquica ou até mesmo espiritual. Talvez descubra facilmente "a chave que abre o eu do outro", mas acaba por perder-se em descobrir "a chave que abre o seu próprio eu".

Dessa maneira, pode-se questionar se a vida presbiteral, com todas as suas exigências, com todo envolvente mistério, poderia entrar num estado doentio? O presbítero pode e deve conhecer, por uma educação clássica recebida, uma série de informações exegéticas, no campo da moral e da ética; no conhecimento filosófico e teológico; enfim, milhões de dados sobre o mundo no qual se vive. Também pode não conhecer nada sobre o mundo que abarca ele mesmo, ou seja, se conhece toda realidade ao seu redor, mas não se conhece a si próprio. Isso será para si e para a Igreja ocasião de um possível desastre, frustração humana, comunitária, eclesial. Portanto, para os dependentes, de alguma forma, do presbítero, para dar passos na vida, corre o risco de não chegar ao seu intento, pois a limitação é tamanha, não permitindo ver um resultado a curto, médio e muito menos a longo prazo.

---

87. PO 15.

Assim, o destaque conferido à virtude da obediência como primeiro passo a ser dado para se realizar o que se ama e não o que se quer, torna-se verdadeiramente um caminho essencial na vida do sacerdócio ministerial. "Como para Cristo, assim também para o presbítero, a obediência exprime a total e alegre disponibilidade de se cumprir a vontade de Deus"[88]. Contudo, o presbítero precisa ter em mente a obediência não como algo pesado, imposto, mas uma graça a ser seguida e trabalhada no dia a dia através de coisas fundamentais, sabendo que nada pode tirar do indivíduo a riqueza conquistada, ao entender seu verdadeiro papel no projeto do Reino de Deus. Daí a necessidade de um conhecimento mais aprofundado sobre a obediência apostólica, a obediência comunitária e a obediência pastoral, com o intuito de ajudar o presbítero a cumprir sua missão com amor, sem estar preso a nada que lhe seja uma "carga" ou impedimento para seguir adiante na caminhada vocacional.

Primeiramente, se segue na reflexão destas obediências pelo caminho apostólico, no qual tem a intenção de revelar que, antes de qualquer atitude contrária, o presbítero deve amar e servir a Igreja na sua estrutura hierárquica[89]. A caridade pastoral conduz os presbíteros consagrarem a própria vontade à fiel obediência ao próprio bispo e ao Sumo Pontífice, ou seja, "tal ministério – realizado na comunhão hierárquica – habilita-os a exprimir com autoridade a fé católica, a dar testemunho da fé em nome da Igreja"[90].

A promessa de obediência ao bispo, ao superior hierárquico, não tem a intenção de fazer com que o presbítero seja colocado em um nível inferior no sentido de ser um subalterno qualquer, somente obedecendo por meio de punição ou algum tipo de censura, mas, sim, tem a intenção de criar colaboradores ativos e responsáveis; isto é, "longe de diminuir a dignidade da pessoa humana, leva-a à maturidade, aumentando a liberdade dos filhos de Deus"[91].

A obediência apostólica é obediência ativa, quando o presbítero obedece como pessoa consciente e capaz de entender, de querer no sentido de interiorizar, a missão confiada; quando é capaz de emitir um juízo intelectual através do qual considera que Deus, mediante a solicitação feita pelo bispo ou superior, pede determinada missão, esta é aceita não como mera resignação e tolerância, mas com liberdade e gratidão. É uma obediência responsável, no sentido que o presbítero

---

88. DMVP 56.

89. PDV 28.

90. DMVP 62.

91. PC 14.

é capaz de entender que sua missão, ao ser aceita, torna-se comportamento consciente e voluntário, no livre-serviço a Cristo e à Igreja.

A obediência apostólica está diretamente relacionada à pessoa do presbítero e seus superiores, fonte essencial para a caridade pastoral. Mas é preciso "distinguir o pessoal do comunitário"[92].

> Não se deve esquecer nunca que normalmente uma destinação responde a interesses institucionais que têm prioridade sobre as pessoas. Se um religioso ou presbítero chega a uma paróquia ou escola, é porque o destinaram, tornando-se um compromisso evangelizador institucional que é preciso levar adiante. A pessoa não comparece por iniciativa pessoal, mas deve-se a sua instituição. [...] Quando um ministro erra, não é ele quem erra, erra um presbitério, erra o ministério ordenado, a Igreja à qual representa. Quando um presbítero é condenado, condena-se um representante de tal ou qual congregação; nos meios de comunicação as notícias sobre os presbíteros costumam evitar colocar o nome completo do ministro, ou frequentemente o substituem com as iniciais, no entanto, não têm dificuldade em apontar a congregação à qual pertencem[93].

Por isso, um segundo passo no entendimento da virtude da obediência, na construção do caráter presbiteral, está vinculado a uma obediência também comunitária que, inserida na unidade do presbitério, permite ver o ministério presbiteral não como uma atividade isolada, mas uma colaboração harmoniosa com o bispo e seu presbitério, ou com o superior e toda a comunidade da qual faz parte. Nesse sentido, o presbítero deve agir consciente numa obediência ministerial sempre vivida em comunhão com seus irmãos de presbitério ou de sua comunidade.

> Este aspecto da obediência do sacerdote requer uma notável ascese, seja no sentido de um hábito a não se prender demasiado às próprias preferências ou a pontos de vista particulares, seja na linha de deixar espaço aos irmãos no sacerdócio para que possam valorizar os seus talentos e capacidades, fora de qualquer ciúme, inveja ou rivalidade. A do sacerdote é uma obediência vivida em comum, que parte da pertença a um único presbitério e que, sempre no interior dele e com ele, exprime orientações e opções corresponsáveis[94].

---

92. NORIEGA, R. *Ministério sacerdotal* – A responsabilidade ética na arte de servir, p. 163.

93. NORIEGA, R. *Ministério Sacerdotal* – A responsabilidade ética na arte de servir, p. 163.

94. PDV 28.

A obediência ministerial, quando entendida e vivida pelo presbítero como elemento de corresponsabilidade, cooperação com os seus irmãos presbíteros nas opções pastorais de uma Igreja particular, torna-se fator de unidade e de construção do próprio presbitério.

> Desta maneira, conservam e firmam a necessária unidade com seus irmãos no ministério, sobretudo com aqueles que o Senhor constituiu dirigentes visíveis da sua Igreja, e trabalham para a edificação do corpo de Cristo, que cresce "por toda espécie de articulações" (Ef 4,11-16)[95].

Com a obediência apostólica e comunitária, soma-se a obediência pastoral vinculada com a total disponibilidade para a missão. Com espírito de fé, o presbítero aceita e executa, com zelo pastoral, qualquer solicitação do bispo, mesmo a mais humilde e a mais pobre[96]. É "se deixar agarrar, como que "devorar", pelas necessidades e exigências do rebanho"[97].

> Especificamente, para que o ministro ordenado realize a função de governar necessita de um poder que lhe é conferido. Embora seja necessária uma distinção. Uma coisa é ter o "poder" concedido pelo decreto de nomeação do bispo e corroborado pelos cânones eclesiásticos, e outra bastante diferente é possuir a autoridade suficiente para exercer esse poder dignamente como corresponde a um presbítero, de modo especial no âmbito paroquial centro de atenção das reflexões canônicas[98].

Assim, como a obediência contribui para a santificação do presbítero de forma decisiva, o contrário, a desobediência, destrói a identidade mais profunda do ser presbítero: a colaboração com o bispo ou seu superior hierárquico. Como aconteceu com Cristo, a fecundidade apostólica do ministério presbiteral passa necessariamente pela experiência da obediência. Ninguém perde em obedecer, pois a obediência gera confiança e gera compromisso com a responsabilidade, a necessidade de se realizar o correto; por conseguinte, o certo não foge jamais daquilo que a Igreja propõe: no seguimento do Cristo amar e servir.

> Nos vários gêneros e ofícios da vida, a única santidade é cultivada por todos aqueles que agem pelo Espírito de Deus e, obedientes à voz do Pai e adorando a Deus Pai em espírito e verdade, seguem a Cristo pobre, humilde e

---

95. PO 15.

96. PO 15.

97. PDV 28.

98. NORIEGA, R. *Ministério Sacerdotal* – A responsabilidade ética na arte de servir, p. 185.

carregado com a cruz, para merecerem participar de sua glória. Mas cada qual, segundo os próprios dons e encargos, deve avançar sem hesitação pelo caminho de fé viva, que excita a esperança e age pela caridade[99].

2.3 Castidade – Fidelidade e doação

O presbítero que não descobre seus dons e potenciais, bem como seus limites e dificuldades, poderá ser asfixiado por pensamentos perturbadores, por punições inúteis a si e aos outros a sua volta. O entendimento que se dá à graça de se viver a plenitude do amor na entrega total à Igreja, à comunidade do Povo de Deus, vivendo este amor em castidade santa como sinal de um celibato real, leva o presbítero a exprimir esta realidade como "dom precioso de Deus à sua Igreja e como sinal do Reino que não é deste mundo, sinal também do amor de Deus por este mundo e ainda do amor indiviso do presbítero a Deus e ao Seu povo"[100]; ou seja, este dom de viver a graça do celibato significa entrega total como desapego de uma vida para colocá-la a serviço de Cristo e da comunidade. Trata-se de uma explícita e consciente opção fundamental pela Igreja. O presbítero que se coloca a serviço, não se prendendo a nada, estará apto e disponível para exercer, através deste dom de doação de si mesmo, um trabalho tranquilo e eficaz pela Igreja. Neste sentido, o celibato capacita o presbítero a exercer melhor o seu ministério pastoral junto à sua comunidade, a parcela da Igreja.

> Pelo celibato observado por causa do reino dos céus (Mt 19,12), os presbíteros consagram-se a Cristo por uma nova e exímia razão, aderem a ele mais facilmente com o coração indiviso (1Cor 7,32-34), nele e por ele dedicam-se com mais liberdade ao serviço de Deus e dos homens, com mais rapidez servem ao seu reino e à obra da regeneração sobrenatural, e, assim, tornam-se mais aptos para receberem mais amplamente a paternidade em Cristo[101].

A fim de superar sua angústia ou seu sentimento de vazio interior e impotência, o ser humano escolhe um objeto no qual projeta todas as suas qualidades humanas: seu amor, sua inteligência, sua coragem, sua vocação, até mesmo seu fetiche. Ao se submeter a esse objeto, ele se sente em contato com suas próprias qualidades; sente-se forte, inteligente, corajoso, seguro, mas corre riscos, pois, perder o objeto significa o perigo de perder a si mesmo. Assim, no ministério presbiteral,

---

99. LG 41.

100. PDV 29.

101. PO 16.

quando não se busca a vivência da castidade dentro da exigência correta e oportuna do celibato, corre-se o risco do desencanto, vivendo o ministério como fachada e não mais como graça de um chamado feito por Deus.

> Deus dá-nos a nossa sexualidade para nos fazer sair de dentro de nós próprios e nos relacionar com os outros. Nesse sentido, a sexualidade está ligada à espiritualidade. Ambas, levam-nos a aspirar pela comunhão e inteireza que saciam a nossa inquietude e o desejo de completude. Tal desejo satisfaz-se finalmente em Deus. Por isso, a sexualidade não deve ser vista como uma barreira para a graça, mas como um meio de alcançá-la. Entramos em comunhão com Deus dentro e por meio dos nossos relacionamentos com os outros e com a vida como um todo[102].

Quem acredita ser portador de uma verdade absoluta em si mesma está preparado para ser como um deus. O ser humano, neste caso o presbítero, é capaz de saber que a verdade absoluta é um fim inatingível, sendo possível atingir a verdade apenas quem passa pelas fragilidades, pelos desafios, encontrando sentido numa liberdade responsável, alimentando a espiritualidade, vivendo sua sexualidade centrada num celibato consciente, a qual dignifica e faz de si e do outro alguém sempre mais humano, capaz de responder aos anseios de Deus.

Viver o celibato é ter consciência de uma sexualidade sadia e não doente, advinda de afirmações errôneas, advindas, quase que sempre, do cotidiano da vida formativa.

> Antes de qualquer coisa, é importante – e, de modo algum, é inútil – reforçar a origem divina da sexualidade. Não porque existam dúvidas na teoria, mas para reagir contra certa tendência depreciativa ou não suficientemente capaz de suscitar estima com relação a ela, em particular nos nossos ambientes, como se a sexualidade fosse algo menos nobre e impuro, ou opcional e secundário. [...] A sexualidade é graça que está a afirmar a semelhança da criatura com o criador. [...] a sexualidade é, portanto, fundamentalmente bela, boa e abençoada (Gn 1,27), é a "linguagem mais forte que dois seres podem trocar entre si", é a melhor coisa inventada pelo Criador[103].

Todavia, a livre-opção pelo celibato sacerdotal vem de um prévio dom de Deus, uma graça não concedida a todos (Mt 19,11-12). Viver o celibato é colocar em prática um carisma e, por assim ser concebido, cabe à Igreja a responsabilidade de admitir ao sacerdócio os que ela julgar aptos, ou seja, aqueles

---

102. GULA, R.M. *Ética no Ministério Pastoral*, p. 114.

103. CENCINI, A. *Virgindade e celibato hoje* – Para uma sexualidade pascal, p. 62-63.

a quem Deus, por graça, concedeu, além do chamado ao sacerdócio, o dom do celibato, para enriquecer, servir a Igreja por amor, através desta forma específica de vida[104]. Trata-se de uma forma peculiar de vida, precioso serviço à Igreja na medida que é, enquanto dom divino, "um modo insigne de exercerem continuamente aquela caridade perfeita pela qual, no ministério sacerdotal, podem fazer-se tudo para todos"[105].

Não se pode conceber esta virtude do celibato, sem antes compreender que ela passa pela maneira como o próprio Cristo a concebeu (dimensão cristológica), passa pela visão de como a Igreja a entende (dimensão eclesiológica) e, por fim, a visão que permite olhar para o futuro, dentro de uma realidade, deixando contemplar uma antecipação dos bens celestes.

Cristo era celibatário. Por um caminho de renúncia radical foi capaz de exercer seu sacerdócio pelo caminho da castidade celibatária, por amor extremo ao Reino de Deus e, da mesma forma, chamou para uma consagração especial os seus apóstolos (Mt 19,11-12; Lc 20,35). Seguindo por este mesmo caminho, o presbítero deve, pela sua conduta, fidelidade, se dedicar inteiramente ao serviço de Deus e da comunidade, um valor pessoal que se torna absoluto, capaz de preencher toda a vida do indivíduo deste ministério.

> O sacerdócio cristão, que é novo, só pode ser compreendido à luz da novidade de Cristo, Pontífice máximo e Sacerdote eterno, que instituiu o sacerdócio ministerial como participação do seu sacerdócio único. Portanto, o ministro de Cristo e administrador dos mistérios de Deus (1Cor 4,1), encontra também nele o modelo direto e o ideal supremo (1Cor 11,1). O Senhor Jesus Cristo, Unigênito de Deus, enviado ao mundo pelo Pai, fez-se homem para que a humanidade, sujeita ao pecado e à morte, fosse regenerada e, por meio dum nascimento novo (Jo 3,5; Tt 3,5), entrasse no Reino dos Céus. Consagrando-se inteiramente à vontade do Pai (Jo 4,34; 17,4), Jesus realizou, por meio do seu mistério pascal, esta nova criação (2Cor 5,17; Gl 6,15), introduzindo no tempo e no mundo uma forma de vida sublime e divina, que transforma a condição terrena da humanidade (Gl 3,28)[106].

Porém, não se pode ver a opção pela vida celibatária como um ato de renúncia à vida familiar, ou seja, não se casar. O presbítero entendedor desta reali-

---

104. SCa 62.

105. OT 10.

106. SCa 19.

dade é capaz de experimentar um amor que ultrapassa barreiras, fronteiras pela Igreja: amor sincero, humano, fraterno, pessoal e capaz de sacrifícios[107]. Portanto, o celibato é um ato positivo de entrega total à Igreja, ou seja, é um valor evangélico. É um estar ligado de forma esponsal à sua amada comunidade. Ao mesmo tempo é "estímulo de caridade pastoral e peculiar fonte de fecundidade espiritual no mundo"[108]. Ao fazer a opção por uma vida celibatária, Cristo torna-se esposo da Igreja, ou seja, atitude esponsal do Bom Pastor, até imolar-se em sacrifício por ela (Ef 5,25). O presbítero, do mesmo modo, fazendo opção livre pelo celibato, torna-se, em sua comunidade eclesial, sinal do amor esponsal do Bom Pastor pela Igreja, assim, amando-a de modo total, exclusivo, como Cristo Cabeça, Pastor e Esposo a amou.

> É particularmente importante que o sacerdote compreenda a motivação teológica da lei eclesiástica do celibato. Enquanto lei, exprime a vontade da Igreja, antes mesmo que seja expressa a vontade do sujeito através da sua disponibilidade. Mas a vontade da Igreja encontra a sua motivação última na conexão que o celibato tem com a Ordenação sagrada, a qual configura o sacerdote a Cristo Jesus, Cabeça e Esposo da Igreja. Esta como Esposa de Cristo quer ser amada pelo sacerdote do modo total e exclusivo com que Jesus Cristo Cabeça e Esposo a amou. O celibato sacerdotal é, então, o dom de si em e com Cristo à sua Igreja e exprime o serviço do presbítero à Igreja no e com o Senhor[109].

Ao olhar para Cristo e a Igreja, lança-se outro para o futuro; assim, o celibato torna-se antecipação, sinal, dos bens celestes, afirmando, assim, o que um dia irá refletir na vida de todos os filhos de Deus: "Tornam-se, enfim, sinal vivo do mundo futuro, já presente pela fé e pela caridade, no qual os filhos da ressurreição não se casam nem se dão em casamento (Lc 20,35-36)"[110].

> O celibato não é um influxo que do exterior recai sobre o ministério sacerdotal, nem pode ser considerado simplesmente uma instituição imposta por lei, até porque, quem recebe o Sacramento da Ordem, a isso se empenha com plena consciência e liberdade, depois duma preparação de muitos anos, de profunda reflexão e de oração assídua. Juntamente com a firme convicção de que Cristo lhe concede este dom para o bem da Igreja e para o

---

107. PDV 50.

108. PO 16.

109. PDV 29.

110. PO 16.

serviço dos outros, o sacerdote assume-o para toda a vida, reforçando esta sua vontade na promessa já feita durante o rito da ordenação diaconal[111].

Essas dimensões da castidade presbiteral mantêm-se principalmente por meio da oração, dos sacramentos, de uma ascese pessoal, pois a "graça da fidelidade" não é jamais negada a quem pede ao Senhor[112]. Porém, isso não tira do presbítero a necessidade de uma "intimidade no encontro pastoral"[113]. Não se vive a castidade perfeita sem a relação consciente, livre, despojada de interesses exclusos dos que possuem a bela obrigação de cuidar e servir.

> É supérfluo afirmar que é importante que o presbítero desenvolva em sua vida relações de intimidade com outras pessoas. São sinal de um equilíbrio e de uma vida efetiva saudável que aspira a plenitude. Não obstante as dificuldades do ministro celibatário para estabelecer as relações, cabe apontar outro tipo de dificuldade deste tipo de relações de intimidade afetivas equilibradas provindas da gestão que fazem as pessoas que se aproximam de um ministro. [...] Nesses casos as pessoas que manipulam as relações estreitas de um ministro com elas são as responsáveis morais do mal que provocam, mas é obrigação do pastor a prudência e o cuidado em estabelecer aproximações e intimidade com as pessoas[114].

2.4 A pobreza – Doação total de si

A tarefa principal de um presbítero amadurecido em sua condição de vida assumida, como presbítero e servo de Deus, também é descobrir qual é o seu verdadeiro papel dentro desta relação com o divino, com o seu semelhante, consigo mesmo e com as coisas ao seu redor. Esta descoberta tende a fazê-lo livre e realizado. Esta liberdade está diretamente relacionada com as verdadeiras opções existentes no coração da pessoa. Desta maneira, surge a necessidade constante de se autoconhecer, em mapear suas mazelas (pois todo ser humano as possui) e superar a necessidade, muitas vezes neurótica de buscar ser perfeito dentro de uma relação com o mundo, dinheiro, sexualidade, fama; tudo que o faz muito mais se distanciar do que se aproximar da verdadeira caridade pastoral, podendo ser alcançada apenas quando se busca um equilíbrio nas relações

---

111. DMVP 80.

112. PO 16; PDV 29.

113. NORIEGA, R. *Ministério Sacerdotal* – A responsabilidade ética na arte de servir, p. 244.

114. NORIEGA, R. *Ministério Sacerdotal* – A responsabilidade ética na arte de servir, p. 244.

ocorridas à sua volta sem perder de vista a essencialidade do próprio sacerdócio, isto é, o próprio Cristo.

Aliás, a noção de perfeição não é de algo pronto e acabado, mas, sim, algo que se busca, ou seja, um colocar-se a caminho. Portanto, somada às virtudes da obediência e da castidade, entra a virtude da pobreza, a qual consiste em assumir o que é proposto, sem segundas intenções, sendo próprio da doação realizada na vida quando se resolve deixar tudo e seguir o próprio Cristo.

Para tal, não é preciso ter medo de pagar o preço pelas escolhas feitas; as escolhas exigirão autonomia, isto é, adquirir opinião própria, sabendo que uma vez feitas as escolhas, estas exigirão também perdas; ou se assume a condição desta busca da perfeição, ou então, através de uma hipocrisia real, concreta, faz da vida um teatro, onde se assume um papel de ator, apresentando algo, na verdade, não significativo ou não condizente com a clareza do viver em questão. Quando as escolhas são outras, o sacerdócio fica em segundo plano. Foge-se da pobreza real, assumindo uma pobreza marcada pelo ter (fama, dinheiro, prestígio, poder etc.) e não pelo ser.

Portanto, a virtude da pobreza evangélica é uma premissa indispensável ao presbítero para uma efetiva e consciente vivência da caridade pastoral, no exercício concreto e real do ministério presbiteral. O presbítero capaz de despojar-se e desapegar-se de si mesmo, das riquezas materiais, de submeter tudo o que é e tem a serviço de Cristo e de seu reino, estará em condições de estabelecer uma verdadeira comunhão com a caridade do Cristo Bom Pastor, o qual despojou-se de si e de tudo pela salvação da humanidade.

> Na realidade, só quem contempla e vive o mistério de Deus como único e sumo Bem, como verdadeira e definitiva Riqueza, pode compreender e realizar a pobreza, que não é certamente desprezo e recusa dos bens materiais, mas é uso grato e cordial destes bens e conjuntamente uma alegre renúncia a eles com grande liberdade interior, ou seja, em ordem a Deus e aos seus desígnios[115].

No ministério presbiteral idealiza-se muitas coisas, mas estas são fruto, muitas vezes, da imaginação, do querer, das vontades e, por que não dizer, dos caprichos; nada tem a ver com a vontade da Igreja da qual todos são servidores. Tantas vezes e de muitos modos, o presbítero se perde na necessidade de ter poder, revelando falta de identidade psíquica, social e eclesial, falta com a caridade pastoral.

---

115. PDV 30.

A opção total pelo Cristo deve ser a maior riqueza do presbítero, é a opção do seu bem maior, uma riqueza na pobreza; ao contrário, as falsas riquezas só podem oferecer segurança material. Esta pobreza evangélica permite ao presbítero testemunhar publicamente a primazia absoluta de Cristo e de seu Reino como "único tesouro" (Mt 6,21), no qual está ancorado toda a sua liberdade interior.

> O protótipo desta pobreza assim entendida, como uma atitude existencial e uma regra de vida, haverá que ser encontrado no próprio Jesus. Aqueles que reconheceram no Nazareno o Cristo de Deus e se dispuseram a segui-lo após a Páscoa vão autocompreender-se como chamados a participar do mistério de seu "aniquilamento", de sua *kenosis*. O que isto implica? Em tornar-se pobre como ele o foi, a fim de participar de sua riqueza; entrar no mistério de sua pobreza e despojamento que se desvela claramente na Paixão e na Cruz e que implica um seguimento de vida inteira[116].

No entanto, é importante deixar claro que a pobreza evangélica, em momento algum deve ser confundida com o desprezo pelos bens materiais, mas, sim, como a justa submissão de todos os dons criados a serviço de Deus e de seu Reino[117]. É fazer uso dos bens de uma comunidade eclesial com coração de pobre, ou seja, com responsabilidade, desapego e discernimento; enfim, como se não fizesse uso dos mesmos (1Cor 7,31), evitando qualquer enfraquecimento no ministério pastoral[118], que o mal tome conta da vocação e isto interfira diretamente na vida da comunidade, na vida da Igreja. Enfrentar este mal torna-se a maior riqueza da Igreja porque é fruto de uma formação consciente e voltada para Cristo, não outra coisa.

> O mal constitui por si um empecilho à comunicação e principalmente quando do fica oculto. Por sua natureza, e mais ainda se nunca é enfrentado, tende a isolar-se e romper as relações, cria desconfianças e incomunicabilidades, tira o gosto de ficar e de construir juntos e nos torna estranhos a nós mesmos e um ao outro. Mas quando existe a coragem de olhá-lo de frente e de confessá-lo não só diante de Deus, mas também diante dos próprios irmãos em uma ajuda mútua a fim de superá-lo, é como se se desfizesse um nó complicado ou se tirasse um vírus que infecta e que bloqueia todos os programas do computador. Retoma-se a iniciativa de comunicar-se e compartilhar[119].

---

116. BINGEMER, M.C.L. *Francisco de Assis e Simone Weil*: humanismo cristão e mística da pobreza, p. 105-130.

117. PDV 30.

118. PO 17.

119. CENCINI, A. *Integração comunitária do bem e do mal* – "... como óleo perfumado...", p. 342.

Só se torna verdadeiramente desprendido dos bens materiais, a exemplo do Bom Pastor, o presbítero que conserva em si um "coração de pobre". É não se submeter à tirania do mundo na atualidade, como um escravo do consumismo, da segurança material. É fazer de seu coração "ungido com óleo de alegria"[120], estar realmente preparado para ouvir, com docilidade, a voz de Deus.

Somente o presbítero que, realmente, possui um coração como esse será capaz de ter a nítida compreensão, a clara solidariedade na ajuda concreta aos mais pobres e excluídos de sua comunidade. Torna-se um ministro colocando-se a serviço de todos com aquilo que possui, seja material ou espiritual.

> A liberdade interior, que a pobreza evangélica guarda e alimenta, habilita o padre a estar ao lado dos mais débeis, a tornar-se solidário com os seus esforços pela construção de uma sociedade mais justa, a ser mais sensível e capaz de compreensão e discernimento dos fenômenos que dizem respeito ao aspecto econômico e social da vida, a promover a opção preferencial pelos pobres: esta, sem excluir ninguém do anúncio e do dom da salvação, sabe inclinar-se perante os simples, os pecadores, os marginalizados de qualquer espécie, de acordo com o modelo oferecido por Jesus no desenvolvimento do seu ministério profético e sacerdotal (Lc 4,18)[121].

A tarefa, talvez a mais difícil de todas, é descobrir o que torna o ser humano sadio e o que, de fato, o adoece. É preciso um olhar de honestidade para si e descobrir o motivo disso acontecer. O ser humano possui um grande potencial para o crescimento, podendo ser o diferencial para o desenvolvimento pessoal e para a alegria de viver do presbítero, buscando encontrar-se consigo mesmo para poder servir melhor a Deus e o seu Reino.

Torna-se importante identificar e valorizar as possibilidades de crescimento existentes, sobretudo, elaborando, procurando a devida reconciliação com a real importância na vida presbiteral, naquilo que realmente promove crescimento pessoal e espiritual: doação total de si mesmo, na obediência, no celibato e na pobreza. É viver a santidade com coerência, cuja "conduta caminha em cima de uma linha reta", com humildade consistente na "sinceridade para conosco e a aceitação do que nós somos", com autenticidade "derruba as muralhas do preconceito" e com a transparência "permite dizer de um homem: é ele, sempre ele"[122].

---

120. FRANCISCO, PP. *Aos sacerdotes*, p. 37.

121. PDV 30.

122. CIFUENTES, R.L. *Sacerdotes para o Terceiro Milênio*, p. 149-168.

Capítulo 3 | Ética do cuidado. Do essencial ao ideal

O Concílio Vaticano II lançou luzes sobre o futuro da Igreja, porém é necessário fazer uma leitura da atualidade, pois essas luzes ainda realizam sua missão e isso será em todo momento, no tempo da Igreja, no tempo de Deus, mas a realidade exige questionamento e não se intenta, assim, fazer críticas ao Concílio, mas entender que as luzes lançadas não foram para um momento, nem para um pontificado, mas para contribuir, sempre, na boa condução da Igreja dentro de cada tempo vigente. Hoje a "ética do cuidado" está em voga, mas sempre existiu nos diversos tempos da Igreja, melhor dizendo, desde o princípio. Resta olhar realmente para a solicitação dos próprios documentos conciliares e os escritos pelos papas, pelo magistério e diversos autores até os dias de hoje. Existe uma regra a ser seguida, os conselhos necessários são dados para serem colocados em prática, como pede a Igreja com toda a sua sabedoria.

Diante do mistério divino o presbítero faz uma experiência única com o Senhor e, na presença do Espírito, alimenta esta experiência de forma que, ela também possa ser aceita e assimilada pelas outras pessoas. Chamado pelo Senhor, exerce uma vocação específica e a alimenta pela experiência única com Ele através do espírito de oração, dentro de um processo que vai se desvelando não só pela vontade de Deus a respeito de sua missão, mas a vontade de Deus sobre toda criatura. Portanto, podemos definir a mística presbiteral através desta experiência única e individual do "homem presbítero" com o Senhor. Aquela em que o indivíduo, após tornar-se presbítero pela sagrada ordenação, passa a ter, na divina intimidade, uma relação única com o próprio Cristo e a partir dali com o Povo de Deus que espera ver:

> Presbíteros-discípulos: que tenham profunda experiência de Deus, configurados com o coração do Bom Pastor, dóceis às orientações do Espírito, que se nutram da Palavra de Deus, da Eucaristia e da oração; de presbíte-

ros-missionários: movidos pela caridade pastoral que os leve a cuidar do rebanho a eles confiado e a procurar os mais distantes, pregando a Palavra de Deus, sempre em comunhão com o seu Bispo, com os presbíteros, diáconos, religiosos, religiosas e leigos; de presbíteros-servidores da vida: que estejam atentos às necessidades dos mais pobres, comprometidos na defesa dos direitos dos mais fracos, e promotores da cultura da solidariedade[123].

A mística do presbítero não se perde com a origem de um novo concílio, pelo contrário, é acrescida de toda riqueza, trazendo a uns, acrescentando a outros, afinal "se este projeto ou esta atividade é de origem humana, será destruída. Mas, se vem de Deus, não conseguireis destruí-los" (At 5,38-39). Daí a necessidade de buscar se formar e se informar a respeito. Um rosto se revela dentro desta estrutura, podendo contemplar nela o verdadeiro caráter presbiteral, não se perdendo com as aparentes mudanças, mas se forma sabendo que as luzes lançadas são fontes de crescimento, auxiliadoras em todos os sentidos, em especial, na condução da Igreja, do Povo de Deus.

Na construção do caráter presbiteral, muitas coisas podem ajudar neste projeto de formação ascendente, fazendo da pessoa alguém realmente realizada, consciente de que nada chega pronto, mas é preciso buscar e se deixar formar continuamente. De forma integral, nada pode ser excluído da formação, a construção da "caridade pastoral" torna-se uma realidade, pois esta é fruto de uma fidelidade adquirida na luta do dia a dia pela obediência, pela doação de si mesmo, pelo despojamento real das coisas propiciadoras do rumo e sentido à verdadeira responsabilidade do ministro consagrado, antes de tudo, configurado a Cristo. Tudo isto gera transparência, construindo caráter, gerando integridade, e consequentemente, tranquilidade, mesmo com as dificuldades apresentadas na vida e na missão pastoral.

> Do caráter ministerial nascem outras considerações importantes para a vida ética do ministro. Dele pendem as virtudes exigidas aos ministros; define, alimenta e purifica suas atitudes morais. O conteúdo da expressão *sentir como Jesus* chega com respeito às emoções que afetam a vida sacerdotal, ainda que evidentemente o temperamento de cada pessoa tenha perfis próprios em cada indivíduo. Alcançar tais sentimentos supõe treinamento exigindo um processo formativo inicial e uma formação permanente[124].

---

123. DAP 199.

124. NORIEGA, R. *Ministério Sacerdotal – A responsabilidade ética na arte de servir*, p. 85.

Diante desta realidade é possível perceber uma mística sendo construída e realizada, mas ela não concebe a si mesma sem olhar para o homem como um todo. A mística acontece, mas existe alguém por trás desta importante realidade, desde o início da criação até chegar à consumação de tudo. Entre um e o outro existe Deus, o homem, a humanidade e, por que não, toda a criação.

Para abordar o método mistagógico é conveniente conceituar o termo mistagogia a partir de seu significado no âmbito teológico e de sua origem histórica com base nos escritos dos Padres da Igreja durante os quatro primeiros séculos do cristianismo.

> O termo mistagogia vem do grego *mystes*, que significa iniciado, e *age in* que significa conduzir. Etimologicamente possui o sentido de ser conduzido para o interior dos mistérios, e, na iniciação cristã, para o Mistério que é "Cristo em nós, esperança da glória" (Cl 2,19). Na antiguidade cristã, o termo designa, sobretudo, a explicação teológica e simbólica dos ritos litúrgicos da iniciação, em particular do Batismo e da Eucaristia, assim como a configuração do neófito em um novo caminho, renascido pela água do Batismo e alimentado com o Pão da Vida, feito nova criatura[125].

O mistério exige, de cada pessoa, um aprofundamento que se dá através de uma iniciação realizada por meio de processos simbólicos. Estes processos nos são apresentados através de ritos, cuja função mistagógica é introduzir o indivíduo no mistério, ou seja, "cada palavra, cada gesto, cada movimento 'contém' o mistério e nos faz mergulhar nele: no mistério de Deus, no mistério da vida, no mistério da história, em nosso próprio mistério"[126].

A realidade litúrgica sempre é um lugar para se colocar em prática o mistério da salvação, onde o destino nada mais é que transformar a vida e dar a ela sentido. Assim, o processo mistagógico da liturgia contribui para revelar o rosto do principal mediador desta graça, até fazer chegá-la ao coração do Povo de Deus.

> Para o método mistagógico, não basta ter um conhecimento intelectual de Cristo e sua proposta, nem tampouco assumir propostas de conduta moral do cristianismo. Além disso, a liturgia deve ser entendida como cume e fonte da ação da Igreja (SC 10); não somente como uma sucessão de ritos formatados e colados entre si e que, no todo, não transparecem o evento fundador, mas como celebração memorial de Cristo, morto e ressuscitado, pois na ação ritual se expressa o mistério pascal de Cristo. Assim, ao cons-

---

125. COSTA, R.F. *Mistagogia hoje*, p. 66.

126. FACCINI, T.A. *Raízes mistagógicas da liturgia cristã*, p. 265.

tituir-se em ação sacramental, a liturgia (sinal e instrumento) "não apenas explicita o mistério de Cristo, mas o realiza em nós"[127].

Ao abordar esse tema, a partir dos Padres da Igreja, em especial tendo como referência os seus escritos, a mistagogia, através do seu ordenamento, ajuda a compreender não só o significado dos sacramentos para a vida. O rito sacramental e a aprendizagem – adquirida com ele – conduzem os indivíduos a entender o significado da graça conferida quando são buscados e oferecidos ao Povo de Deus.

> Quem é, portanto, o autor dos sacramentos, senão o Senhor Jesus? Esses sacramentos vieram do céu, pois todo desígnio vem do céu. Entretanto, é um grande e divino milagre Deus ter feito chover do céu o maná para o povo, de modo que o povo não trabalhava e comia. Talvez diga: "Meu pão é comum. Mas este pão é pão antes das palavras sacramentais; depois da consagração, o pão se transforma em carne de Cristo". Demonstremos isso. Como pode ser que o pão pode se tornar corpo de Cristo? Com quais palavras se fez a consagração e com palavras de quem? Do Senhor Jesus. Com efeito, todo o resto que se diz antes, é dito pelo sacerdote: louva-se a Deus, dirige-se lhe oração, pede-se pelo povo, pelos reis (2Tm 2,12) e pelos outros. No momento em que se realiza o venerável sacramento, o sacerdote já não usa as suas próprias palavras, mas as palavras de Cristo. Portanto, é a palavra de Cristo que produz o sacramento[128].

Ao se fazer uso dos símbolos (água, óleo, pão, vinho, canto, som dos instrumentos) a comunicação sacramental torna-se mais nítida, bem como eficaz aos olhares de quem realiza e recebe esta comunicação simbólica. O objeto da catequese mistagógica é a iniciação, função comunicativa da liturgia. Porém, se a vida humana, deparando-se, no seu dia a dia, com símbolos diversos na atualidade permitam um alcance abrangente, nunca irão revelar a totalidade do conteúdo, menos ainda aos que têm contato pela primeira vez.

> Na liturgia não fazemos fundamentalmente um discurso, mas uma ação. A liturgia é *ergon*, *urgia* (ação), não *logía* (discurso racional), mesmo que haja uma teologia da liturgia; mas esta teologia se funda precisamente sobre a ação litúrgica: é a mistagogia. Não se trata, portanto, de "explicar" o que se

---

127. ALMEIDA, M.A. *O método mistagógico aplicado à formação litúrgico-musical*: do normativo ao científico, p. 2.

128. AMBRÓSIO DE MILÃO. *Explicação dos símbolos – Sobre os sacramentos – Sobre os mistérios – Sobre a penitência*, IV Livro, p. 26.

vai fazer ou o que se faz; trata-se de fazer o que se está dizendo. É, de novo, a regra do *mens concordet voci* (a mente esteja em sintonia com a voz). Se não levamos em conta tudo isso, podemos falar de comunicação litúrgica evangelizadora? Podemos afirmar que a celebração litúrgica, dentro de sua perspectiva de obra humana e divina, estará cumprindo sua missão? Caberá, certamente, aceitar que a ação divina sacramental realiza... seu efeito de comunicação *ex opere operato*. Mas a força global que a celebração possui, em seu desenvolver ritual, ficará mais ou menos frustrada, segundo a ausência ou debilidade das condições de sua realização. Diremos, com Michel Carrouges, e com o desejo de que a frase seja bem interpretada, que: "sem participação mística, as cerimônias do culto não são mais que gesticulações delirantes"[129].

Assim podemos distinguir três elementos no método mistagógico: a valorização dos sinais (gestos, palavras) logo que experimentados; a interpretação dos ritos à luz da Bíblia, na perspectiva da história da salvação; abertura ao compromisso cristão e eclesial, expressão da nova vida em Cristo[130].

Nesse sentido, a abertura ao compromisso cristão e eclesial pode ser traduzida por um acontecimento salvífico, especificando a ação ritual. O sacramento é revelado através de uma catequese própria, definindo a vivência dos fiéis na prática sacramental não somente pelo significado teórico estabelecido por cada sacramento.

Portanto, para ajudar a definir uma mistagogia presbiteral precisa se entender esta mesma mistagogia relacionada aos outros sacramentos; por isso, Francisco Taborda ao citar Enrico Mazza, a partir de estudos de alguns Santos Padres da Igreja, estabelece cinco passos do método mistagógico:

> 1) Descrever o rito, o gesto, a ação ou o formulário litúrgico; 2) Identificar na Escritura, seja no AT, seja no NT, a passagem ou as passagens que explicitem a salvação que se celebra nesta liturgia; 3) Aprofundar o evento salvífico narrado no(s) texto(s) escolhido(s) de forma a mostrar, com recurso a outros textos e à reflexão teológica, seu significado para a salvação. Neste passo, o enfoque é o evento salvífico e não o sacramento enquanto tal; 4) Retornar ao rito, aplicando a ele o que foi visto nos passos anteriores. A liturgia é, assim, interpretada a partir dos textos bíblicos que se referem ao evento que a fundamenta; 5) Explicitar o dinamismo do conjunto a partir

---

129. SILVA, J.A. Comunicação litúrgica: Ação Sinergeticamente Divino-Humana, *REB* 71, p. 656-657. Cita Pere TENA, La celebración litúrgica como lugar de comunicación evangelizadora, em: Celebrar el Misterio, p. 193.

130. PARO, T.A.F. *A dinâmica simbólico-ritual da Iniciação a Vida Cristã*, p. 45-46.

de uma terminologia propriamente sacramental, recorrendo à gama de textos específicos para designar a dinâmica sacramental: mistério, sacramento, figura, imagem, semelhança e os pares semânticos imagem-verdade e tipo-antítipo. Principalmente nestes últimos se pode ver o aspecto relacional do sacramento: o sacramento se relaciona com o evento salvífico que lhe serve de base numa relação de identidade e diferença[131].

O método mistagógico propõe um equilíbrio entre o referente à formação teórico-prática e aos aspectos rituais da celebração litúrgica, de modo que a experiência signifique pelo que se canta, toca, ouve, celebra, vê. Há, no método, uma perspectiva que ultrapassa a simples operacionalidade ministerial.

A identidade presbiteral, compreendida a partir de uma mística própria, define-se a partir de uma relação completa com o todo que envolve o mistério sacramental. Nada pode ser eliminado, sobretudo a relação com a Palavra e o retorno sempre contínuo ao rito gera a compreensão mistagógica com melhor clareza; assim, o ministério vai se tornando mais coeso e propenso a ser realmente resposta ao chamado realizado por Deus.

> Mas, para que o cristianismo retome o caminho da mistagogia trilhado nos primeiros séculos pelos Padres da Igreja será preciso que vença as tentações decorrentes dos três aspectos da pós-modernidade: a tentação de secularizar-se; a tentação de oferecer da riqueza de sua tradição o que possa ser objeto de consumo ou dar à grande tradição cristã um invólucro que a torne objeto cobiçado para consumo das massas; a tentação de renunciar à teologia como explicação totalizante, contentando-se com os fragmentos[132].

Nessa perspectiva, o retorno às fontes nunca é um anacronismo quando se faz numa perspectiva hermenêutica, isto é, com o olhar no presente, permitindo iluminá-lo através de uma fusão de horizontes. Como já dito, um concílio completa o outro e o todo deve ser luz para os dias vigentes.

Com isso, o todo que envolve a mística do presbítero não vem munido de um escudo próprio, eliminando ou repelindo os problemas à sua volta. Como está relacionada à ação de Deus, a resposta do homem para com Deus, seu semelhante, a criação, nesta mística, encontra seu sentido no intervalo entre o "já e o ainda não", onde a vida acontece, onde os problemas existem, onde a formação deve

---

131. TABORDA, F. *Da celebração à teologia*: por uma abordagem mistagógica da teologia dos sacramentos, p. 588-615.

132. TABORDA, F. *Da celebração à teologia*: por uma abordagem mistagógica da teologia dos sacramentos, p. 588-615.

acontecer, onde os sofrimentos devem ser vistos e trabalhados para que não haja outra coisa senão felicidade no ministério.

A mística do ministro ordenado é contemplada a partir da Palavra revelada, e a forma como é colocada em prática na vida do Povo de Deus, em especial mediante rito, encontra também uma importante revelação na ação pastoral, no cotidiano da missão, no encontro diário com Deus, através do Sacrifício realizado. Este Sacrifício encontra sentido na vida do próximo, uma alteridade real no princípio de um Tu para a vida de cada pessoa, e desta para uma realidade humanitária, onde o bem, a justiça e o amor de Deus são verdades concretas.

"Através de uma ação intensificada, dissipando as trevas da ignorância"[133][...], "exercendo seu ministério em consonância com a exigência pastoral das diferenças carismáticas"[134] [...], na consciência de que "Deus, livre por excelência, quer entrar em diálogo com um ser livre, capaz de fazer suas opções e exercer suas responsabilidades individualmente e em comunidade"[135] [...], e assim, "apresentar Jesus Cristo como paradigma de toda atitude pessoal e social, e como resposta aos problemas que afligem às culturas modernas: o mal, a morte, a falta de amor"[136] [...], o ministério presbiteral descobre sua verdadeira mística dentro da realidade de Igreja que "estimula e favorece a reconstrução da pessoa e de seus vínculos de pertença e convivência, a partir de um dinamismo de amizade, gratuidade e comunhão"[137]. Somente dentro desta dinâmica o ministro pode se encontrar, ser feliz e fazer os outros felizes. Isto se chama realização.

Na Igreja, Corpo Místico Sacerdotal, Cristo é a "Cabeça", o princípio básico de conexão, o único a ter esta função, de modo absolutamente seu e irrepetível. Neste caso, os fiéis, que formam este "Corpo" como verdadeiros membros, por intermédio dos sacramentos, são ininterruptamente animados e vivificados pela graça de Cristo, "Cabeça", de modo singular pela graça indelével do Sacramento do Batismo "incorporados efetivamente à Igreja"[138]. Ela, a Igreja, torna-se no mundo uma comunidade de fé, esperança e caridade, prolongando assim a ação salvífica de Cristo Bom Pastor, no tempo e no espaço[139]. É na Igreja, enquanto sacramento, que o ministro ordenado exerce sua mística sacramental e pastoral,

---

133. RJ Declaração dos cardeais.

134. DM 11,22.

135. DP 491.

136. SD 254.

137. DAP 539.

138. CEC 1267.

139. LG 2.

através da ação litúrgica e do exercício do seu ministério junto ao sacerdócio comum dos fiéis, revelando ao mundo sua participação no ser sacerdotal de Cristo.

Portanto, para bem conduzir a missão para a qual foi chamado, sem tirar a responsabilidade existente, diante dos bens materiais possuídos pela Igreja, há, também, a necessidade de se saber administrar a própria vida, bem como saber administrar com zelo de pastor a vida dos outros, como fiel administrador saber cuidar das coisas de Deus na Igreja e, claro, com o mesmo zelo cuidar da criação.

> Toda a pretensão de cuidar e melhorar o mundo requer mudanças profundas nos estilos de vida, nos modelos de produção e de consumo, nas estruturas consolidadas de poder, que hoje regem as sociedades. O progresso humano autêntico possui um caráter moral e pressupõe o pleno respeito pela pessoa humana, mas deve prestar atenção também ao mundo natural e "ter em conta a natureza de cada ser e as ligações mútuas entre todos, num sistema ordenado". Assim, a capacidade de o ser humano transformar a realidade deve desenvolver-se com base na doação originária das coisas por parte de Deus[140].

3.1 Vivência espiritual e missão pastoral

Colocado resumidamente dentro do contexto presbiteral, inicia-se a desvendar o primeiro dos conceitos que aqui se deve abordar, a "espiritualidade". Tornou-se comum referir-se, sob o "guarda-chuva" desse termo, a uma multiplicidade, bastante ampla, de coisas; portanto, é necessário um esclarecimento do entendimento da palavra exposta, em especial a espiritualidade presbiteral.

Assim como a crise, o discurso da espiritualidade também sofre considerável discussão, com o risco de se promover uma desvalorização do termo ou um reducionismo que leve, esta discussão, para um outro caminho e não o relacionado em questão, diretamente à "caridade pastoral".

> O princípio interior, a virtude que orienta e anima a vida espiritual do presbítero, enquanto configurado a Cristo Cabeça e Pastor, é a *caridade pastoral*, participação da própria caridade pastoral de Cristo Jesus: dom gratuito do Espírito Santo e, ao mesmo tempo, tarefa e apelo a uma resposta livre e responsável do sacerdote. O conteúdo essencial da caridade pastoral é o *dom de si,* o total dom de si mesmo à Igreja, à imagem e com o sentido de partilha do dom de Cristo. "A caridade pastoral é aquela virtude pela qual

---

140. LS 5.

nós imitamos Cristo na entrega de si mesmo e no seu serviço. Não é apenas aquilo que fazemos, mas o *dom de nós mesmos* que manifesta o amor de Cristo pelo seu rebanho. A caridade pastoral determina o nosso modo de pensar e de agir, o modo de nos relacionarmos com as pessoas. E não deixa de ser particularmente exigente para nós"[141].

Portanto, é ampla a explicação aludida ao termo "espiritualidade", mas passou a desempenhar um papel específico na linguagem teológica e, no presente trabalho, está relacionada à espiritualidade do ministro ordenado enquanto presbítero.

O presbítero, enquanto representação do Bom Pastor, participa do ser e do agir de Cristo Sacerdote. Possui a graça de ser configurado a Cristo Cabeça, Pastor da Igreja, elemento estrutural objetivo do seu ser. No entanto, esta graça, este dom do Espírito, deve ser desenvolvido pelo claro esforço pessoal de cada presbítero, um esforço perseverante (ascese), para que se torne na vida concreta, realmente, uma espiritualidade, conduzindo a pessoa do presbítero a uma santidade moral.

Aqui se abre um parêntese para discutir sobre o ser pessoa do presbítero, para que este chegue a uma espiritualidade consistente e obtenha resposta à sua busca e ao seu desejo de realização.

Existe um homem por trás de tudo, porém, não se intenciona aqui defini-lo, muito menos chegar a uma exatidão antropológica. O homem com todas as suas dificuldades, com todos os seus pecados e imperfeiçoes. É este homem que Deus chama e por causa disso:

> Em todo caso, queremos crer na estabilidade da vida consagrada em si mesma, pelo significado que tem nessa peregrinação no tempo, como imagem terrena dos bens futuros, bem como pela *via sanctitatis* desde sempre percorrida por ela e indicada pela Igreja e pelo *servitium caritatis* oferecido ao mundo, e nas várias formas que poderá assumir no tempo, mas sem atribuir a nós mesmos alguma patente ou direito de viver para sempre. O que hoje parece problemático, e até contraditório, é, antes, um certo modo de lamentar o passado que leva, automaticamente, a temer o futuro, contentando-nos com um presente sempre mais precário[142].

Esse homem chamado, tentando construir e se fortalecer em sua espiritualidade, necessita de cuidados. Traz consigo as marcas da vida, precisando de

---

141. PDV 23.

142. CENCINI, A. *Abraçar o futuro com esperança – O amanhã da vida consagrada*, p. 14.

ajuda em todos os aspectos. Por isso, antes de se falar de espiritualidade, dar-se-á importância à capacidade deste homem em administrar a própria vida.

Todo padre saiu de dentro de um lar, de uma família, teve pai e mãe, independentemente de como foi criado. Procurando não destacar valores e muito menos razões sociais, em todas as esferas de vida, é de onde saem estas pessoas que, amanhã, serão presbíteros, não há como não perceber os problemas e dificuldades existentes; assim, nesta pesquisa, dá-se destaque ao início formativo, não com a intenção de eliminar este ou aquele, mas com o intuito de promover, a princípio, um ambiente de construção de valores éticos, pessoais e espirituais.

> O chamado é gratuito; nada custa. Mas acolher o chamado exige decisão e compromisso. Jesus não esconde as exigências. Quem quer segui-lo deve saber o que está assumindo: deve mudar de vida e crer na Boa-nova (Mc 1,15), deve estar disposto a abandonar tudo e assumir com Jesus uma vida pobre e itinerante. Quem não estiver disposto a fazer tudo isso "não pode ser meu discípulo" (Lc 14,33). O peso, porém, não está na renúncia, e sim no amor que dá sentido à renúncia. É por amor a Jesus (Lc 9,24) e ao Evangelho (Mc 8,35) que o discípulo ou a discípula deve renunciar a si mesmo, carregar a sua cruz, todos os dias, e segui-lo (Mt 10,37-39; 16,24-26; 19,27-29)[143].

O zelo e o cuidado começam desde o berço. As raízes familiares ditam muito quem será o indivíduo que, escolhido por Deus, desenvolverá uma missão não mais dele e, sim, de Deus, junto a uma nova família chamada Igreja. Quem chega para esta missão se apresenta com sua vida ou a disfarça de várias maneiras, mas não há como não conceber uma boa intenção, pois afinal foi Deus quem chamou. Desta forma, segue a necessidade de ajudar o ser que, a princípio, tem uma boa intenção; ou seja, alcançado o sacerdócio, não só se dispõe a ir ao encontro do outro, mas se coloca em seu lugar, sempre na perspectiva de lhe dar uma orientação adequada[144].

Por este motivo, é necessário estar atento à questão vocacional. A vocação não pode vir da mãe, do pai, de um grupo específico, de um ministério de leigos, da vontade mesma de um padre que acha que o jovem tem vocação, não! Ela brota gratuitamente do coração de Deus. Desta forma, o primeiro cuidado deve estar em zelar, sempre, para que o chamado seja de Deus e não de outra coisa, pessoa, lugar etc. Para ser realizado no sacerdócio este princípio, deve estar sempre presente no coração do presbítero:

---

143. MESTERS, C. *Jesus formando e formador*, p. 27-28.

144. CAMPOS, L. *A dor invisível dos presbíteros*, p. 19.

Antes de qualquer coisa, digamos claramente que a vocação não fala imediatamente do chamado, de nós e daquilo que cada um é chamado a ser e a fazer; a vocação cristã fala antes de tudo de Deus, revelando-se um aspecto fundamental de sua identidade divina. E diz-nos que nosso Deus é um Deus-que-chama, e que chama porque ama. Não poderia deixar de chamar, aliás, de chamar, porque nele o chamar é voz do verbo amar: chama para manifestar o próprio amor, para exprimir sua atenção e preocupação (os ciúmes bíblicos) em relação à pessoa chamada como se fosse única para ele; Deus sabe contar somente até um. A vocação é já, em si mesma, sinal do amor de Deus pelo homem, independentemente de seu conteúdo. O Deus-que-chama é um Deus amigo do homem, interessado em sua vida e em sua felicidade, visto que sabe que a criatura será feliz somente se realizar até o fundo o projeto divino. O ser humano chamado por Deus é um ser pensado por um Deus extrovertido, que quer partilhar e ser compartilhado, pela Trindade Santíssima que quer amar e deixar ser amado, pelo Mistério bom que quer revelar e revelar-se[145].

Cuidar de si é entender esta dinâmica com Deus, é saber que a vida ministerial não supõe a ausência divina. Assim, no decorrer do tempo e da resposta dada, com maturidade, o homem chamado descobre a sua espiritualidade, cultivando-a a todo tempo, não só conhecida e explicada, mas vivida no dia a dia, no íntimo com o Senhor que o chama.

O que se tenta entender a respeito de espiritualidade, nos tempos atuais, vem carregado de significados, marcados pelas diversas formas de piedades, religiosidades e atos devocionais marcantes, em especial, a religião católica. O que está em jogo é a forma como se coloca em prática tudo isso dentro de uma manifestação de fé, marcando existencialmente a pessoa; nas diversas dimensões de sua vida.

> Não é fácil definir o que realmente é espiritualidade. Então, antes de qualquer explicação conceitual, designa um modo de vida, e isso significa para o cristão a atitude fundamental vivida pela fé e pela dedicação vivida do homem a Deus e à sua causa. Por isso, a espiritualidade é tão complexa quanto a própria vida e o leque de possibilidades nas formas de relacionamento com Deus. Já a própria raiz linguística da espiritualidade sublinha que a vida da fé é essencialmente uma vida "no espírito" e "do espírito", além disso: é a obra do Espírito Santo. Ele, o Espírito, realiza a espiritualidade.

---

145. CENCINI, A. *Construir cultura vocacional*, p. 25-26.

Por isso, segundo o entendimento cristão, espiritualidade é, antes de tudo, algo que me é presenteado pelo Espírito de Deus e que "acontece" em mim. Não é um projeto orquestrado por mim nem se identifica com um certo projeto de vida, nem com formas fixas de piedade ou modos de comportamento que eu mesmo estou ensaiando (embora requeira o exercício de formas cada vez mais estáveis). O iniciador e sujeito primordial de toda espiritualidade é sempre o Espírito Santo[146].

Para se definir espiritualidade, especialmente em relação ao ministério presbiteral, deve se estabelecer uma conexão deste enquanto pessoa munida de espírito, em relação dinâmica e existencial com o Espírito de Deus.

Portanto, a ascese é essencial nessa conexão, pois o ser, integrado nesta dinâmica existencial, entre o humano e o divino, busca através de uma resposta consciente, discernir o que é de Deus e o que é do mundo. Para isto faz uso da Palavra de Deus e do que a tradição, tanto filosófica quanto teológica pode oferecer. Neste contexto, alimenta a sua fé e, na relação com o divino, descobre seu papel, disponibilizando-se a assumir como homem na dinâmica da criação.

Não é mera exteriorização de uma realidade interna já pronta e acabada. Num sentido bem real, a fé "se faz" na expressão religiosa. Fé celebrada, assumida, conscientizada, amadurecida, partilhada comunitariamente, precisamente na expressão religiosa. É mediante esta que se clarifica e toma forma a experiência fundamental da presença-ação de Deus no mundo e no homem. O Deus que se revela é o mesmo Deus criador cuja ação e cuja presença o homem religioso percebe e expressa no simbolismo religioso. A fé cristã assume (criticamente) esta experiência e a sua expressão ou expressões nos sacramentos cristãos. De fato, experiências religiosas manifestadas no simbolismo religioso são assumidas intencionalmente por Jesus Cristo (imediata ou mediatamente) para significar eficazmente a graça salvífica do Mistério Pascal. A religião, assim, forma parte da fé cristã[147].

Em outras palavras, o conceito de espiritualidade denota o processo relacional existente entre Deus e o homem, na sua manifestação colocada em prática pelo exercício da fé. O homem escolhido a desempenhar uma missão e com ela cuidar da própria vida, num sentido amplo do chamado, tem a responsabilidade de cuidar não só de si, mas também das coisas de Deus. Assim, a identidade do

---

146. SUEIRO, S. *Espiritualidad para La Misión, Estudios Eclesiásticos*, vol. 95, p. 73, traduzido por mim mesmo.

147. RUBIO, A.G. *Unidade na pluralidade*, p. 597.

presbítero se concretiza mediante a compreensão desta relação com o divino e com o humano, revelada no carisma próprio do presbítero: carisma de ensinar, santificar e guiar a comunidade eclesial, onde deve exercer a missão, onde desempenha a verdadeira arte de administrar as coisas de Deus.

Através do estudo mais detalhado desses carismas se identifica a relação contida na mística presbiteral e o seu contexto missionário. Ambos caminham juntos dentro de uma conexão que faz do presbítero uma figura essencial na vida da Igreja.

É importante deixar claro que quando se fala em espiritualidade, não se está falando de um carisma específico dado por um fundador. Os múnus de ensinar, santificar, guiar, devem estar presentes na vida de todo presbítero, pois este colocará em prática tudo o que, pela imposição das mãos do bispo, recebeu do próprio Cristo no dia de sua ordenação. Por isso, não se pretende aqui falar do carisma deste ou daquele padre, diocesano ou religioso, mas incluir nestes carismas o comum para todos.

Ensinar, santificar e guiar são frutos da comunhão ministerial recebidos pelo presbítero como "carisma pastoral", junto ao seu bispo ou superior. Esse carisma pastoral é dom de Cristo, para que cada presbítero faça do exercício do seu ministério um verdadeiro sacerdócio pastoral à comunidade a ele confiada.

> Se esta tarefa pastoral se funda no sacramento, contudo a sua eficácia não é independente da existência pessoal do presbítero. Para ser Pastor segundo o coração de Deus (Jr 3,15) é preciso um radicamento profundo na amizade viva com Cristo, não só da inteligência, mas também da liberdade e da vontade, uma consciência clara da identidade recebida na ordenação sacerdotal, uma disponibilidade incondicionada a conduzir o rebanho confiado aonde o Senhor quer e não na direção que, aparentemente, parece mais conveniente ou mais fácil. Antes de tudo, isto exige a contínua e progressiva disponibilidade para deixar que o próprio Cristo governe a existência sacerdotal dos presbíteros. De fato, ninguém é realmente capaz de apascentar a grei de Cristo se não viver uma obediência profunda e real a Cristo e à Igreja, e a própria docilidade do povo aos seus sacerdotes depende da docilidade dos presbíteros a Cristo; por isso, na base do ministério pastoral está sempre o encontro pessoal e constante com o Senhor, o conhecimento profundo d'Ele, o conformar a própria vontade com a vontade de Cristo[148].

---

148. BENTO XVI, PP. *Audiência Geral*, 26 mai. 2010.

Os múnus de ensinar, santificar e guiar estão ligados diretamente à missão de cada presbítero junto à sua comunidade enquanto Igreja de Jesus Cristo; ou seja, cuidar de si não supõe a inexistência de Deus, pois a presença de Deus conduz o presbítero a cuidar do que está próximo de si, incluindo os seus irmãos no sacerdócio.

> A identidade e a missão do Presbítero, que há várias décadas vêm sendo estudada com crescente insistência, revela-se cada vez mais como uma questão que diz respeito não apenas a um ministério particular entre tantos outros, mas à identidade da própria Igreja em sua essência de "comunhão e de missão", em sua relação com Cristo, em seu mistério trinitário, e em sua relação com a humanidade e com o mundo inteiro[149].

Desta forma, é função específica do ministério presbiteral: proclamar o Evangelho como se Deus exortasse por meio dele (2Cor 5,20); ensinar as palavras da fé e da boa doutrina (1Tm 4,6); oferecer o memorial eucarístico a fim de perpetuar o sacrifício da Cruz na história, comunicar o Corpo e o Sangue de Cristo; enfim, guiar com autoridade, caridade de pastor bom e generoso, a comunidade eclesial que o bispo ou seu superior lhe confia.

O anúncio da Palavra de Deus é a primeira função da missão presbiteral que os presbíteros devem desenvolver numa comunidade eclesial. "Consagrados para pregar o Evangelho"[150], "são educadores do povo de Deus na fé"[151], "pastores dos fiéis, [...] como verdadeiros presbíteros do Novo Testamento"[152]; porque o fundamento e conteúdo da vida cristã, pessoal e comunitária, é a fé suscitada pela Palavra de Deus (Rm 10,15). Deste modo, a proclamação da Palavra de Deus é um dever primordial dos presbíteros, pois a comunidade eclesial se origina e se congrega em torno da Palavra de Deus vivo.

> O próprio anúncio de Jesus é anúncio da vida. Ele, de fato, é o "Verbo da vida" (1Jo 1,1). N'Ele, "a vida manifestou-se" (1Jo 1,2); melhor, Ele mesmo é a "vida eterna que estava no Pai e que nos foi manifestada" (1Jo 1,2). Esta mesma vida, graças ao dom do Espírito, foi comunicada ao homem. Orientada para a vida em plenitude – a "vida eterna" –, também a vida terrena de cada um adquire o seu sentido pleno. Iluminados pelo Evangelho da vida, sentimos a necessidade de o proclamar e testemunhar pela surpreendente

---

149. BORDONI, M. *O presbítero, identidade e missão*, Introdução.

150. LG 28.

151. EN 68.

152. CEC 1564.

novidade que o caracteriza: identificando-se com o próprio Jesus, portador de toda a novidade e vencedor daquele "envelhecimento" que provém do pecado e conduz à morte, este Evangelho supera toda a expectativa do homem e revela a grandeza excelsa, a que a dignidade da pessoa é elevada pela graça. Assim a contempla São Gregório de Nissa: "Quando comparado com os outros seres, o homem nada vale, é pó, erva, ilusão; mas, uma vez adotado como filho pelo Deus do universo, é feito familiar deste Ser, cuja excelência e grandeza ninguém pode ver, ouvir nem compreender. Com que palavra, pensamento ou arroubo de espírito poderemos celebrar a superabundância desta graça? O homem supera a sua natureza: de mortal passa a imortal, de perecível a imperecível, de efêmero a eterno, de homem torna-se deus"[153].

O anúncio da Palavra de Deus deve suscitar a fé e provocar os corações de seus ouvintes. Mas, antes de tudo, é necessário nascer e emanar no coração do próprio presbítero. Este anunciador precisa, primeiramente, desenvolver uma grande intimidade pessoal com a Palavra de Deus, prática viva, eficaz de uma perfeita *Lectio Divina*, criando em si próprio uma mentalidade de fé. Em suma, cada presbítero deve ser um "mistagogo" do mistério da salvação para sua comunidade (1Jo 1,1-3).

Antes de mais, o Sacerdote é ministro da Palavra de Deus, é consagrado e enviado a anunciar a todos o Evangelho do Reino, chamando cada homem à obediência da fé e conduzindo os crentes a um conhecimento e comunhão sempre mais profundos do mistério de Deus, revelado e comunicado a nós em Cristo. Por isso, o próprio sacerdote deve ser o primeiro a desenvolver uma grande familiaridade pessoal com a Palavra de Deus: não lhe basta conhecer o aspecto linguístico ou exegético, sem dúvida necessário; precisa de se abeirar da Palavra com o coração dócil e orante, a fim de que ela penetre a fundo nos seus pensamentos e sentimentos e gere nele uma nova mentalidade – "o pensamento de Cristo" (1Cor 2,16)[154].

O esforço de cada presbítero, no contato diário com a Palavra de Deus, torna fecunda a sua missão como verdadeiro profeta. Deixa-se forjar pela Palavra de Deus vivo, no próprio coração. Se, "[...] se esforçam para recebê-la em si mesmos tornar-se-ão cada dia mais perfeitos discípulos do Senhor"[155]. "Perscrutando toda

---

153. EV 80.

154. PDV 26.

155. PO 13.

verdade contida no mistério de Cristo sob a luz da fé"[156]. Assim, cada presbítero se "tornará perfeito discípulo do Senhor, conhecerá a verdade e será realmente livre, superando todo e qualquer condicionalismo adverso ou estranho ao Evangelho (Jo 8,31-32)"[157]. Pois, para falar com a verdade de Deus é necessário, antes, deixar--se penetrar pela Palavra de Deus (At 20,19). Somente um esforço perseverante diante da escuta é capaz de levar o presbítero a identificar-se com a Palavra Divina a ser anunciada, convertendo-se, ele mesmo, em Palavra existencial de Deus, em autoridade de vida para sua comunidade.

> O testemunho de uma vida autenticamente cristã, entregue nas mãos de Deus, numa comunhão que nada deverá interromper e dedicada ao próximo com um zelo sem limites, é o primeiro meio de evangelização. [...] Será, pois, pelo seu comportamento, pela sua vida, que a Igreja há de, antes de mais nada, evangelizar este mundo; ou seja, pelo seu testemunho vivido com fidelidade ao Senhor Jesus, testemunho de pobreza, de desapego e de liberdade frente aos poderes deste mundo; numa palavra, testemunho de santidade[158].

Pelo testemunho vivo da Palavra, o presbítero deve inculturá-la, segundo as circunstâncias concretas de sua comunidade. É fundamental saber adaptar a mensagem de Deus, sem distorções ou desvios, à situação religiosa de cada fiel e da comunidade como um todo. Desta forma, é dever de cada presbítero tornar a Palavra de Deus compreensível, sem mudá-la, mas fazer o possível para interpretá-la à luz daquilo que realmente é verdadeiro, sem fugir do testemunho de caridade que envolve o próprio Cristo. Nesse sentido, o presbítero deve se esforçar também para fazer do serviço da Palavra um gesto de autodoação, de caridade ao povo que conduz, independente da cultura, do lugar onde vive, dos acontecimentos em seu tempo.

Continuando a sua missão envolta de espiritualidade pastoral, o presbítero é convidado a exercer outro múnus, o de santificar. Desenvolve esta missão diretamente na prática dos sacramentos e na oração da Liturgia das Horas. "[...] partícipes do sacerdócio de Cristo, ajam nas celebrações sagradas como ministros [...] daquele que exerce pelo Espírito Santo seu múnus sacerdotal em nosso favor"[159]. "É na celebração dos sacramentos e na Liturgia das Horas que o presbítero é cha-

---

156. DV 24.

157. PDV 26.

158. EN 41.

159. PO 5.

mado a viver e a testemunhar a unidade profunda entre o exercício do ministério e a sua vida espiritual"[160].

Este múnus se inicia com o anúncio da Palavra, crescendo e se aperfeiçoando quando o ministro coloca em prática o exercício da administração dos sacramentos.

> Pelo Batismo introduzem de fato os homens no povo de Deus, pelo Sacramento da Penitência reconciliam os pecadores com Deus e com a Igreja, com o óleo dos enfermos aliviam os doentes; particularmente na celebração da Missa oferecem sacramentalmente o sacrifício de Cristo[161].

Nessa direção, os sacramentos, quando celebrados, sobretudo a Eucaristia, deve constituir-se numa das principais fontes da vida espiritual do presbítero. Ele próprio deve ser o primeiro a nutrir-se dessa graça para suscitar, nutrir e fazer crescer em sua comunidade uma intensa vida teologal[162].

Pelo exercício da Liturgia das Horas, o presbítero tem a possibilidade de prosseguir sua jornada diária no exercício de seu sacerdócio pastoral, no louvor constante a Deus, na santificação de sua comunidade, através da salmodia, das intercessões públicas e oficiais da Igreja. "Ao cantarem louvores a Deus estão diante do trono divino, em nome da mãe Igreja"[163], "pela qual suplica a Deus '*in nomine Ecclesiae*' em favor de todo o povo a si confiado e até pelo mundo inteiro"[164].

Contudo, cada presbítero deve celebrar tanto a Liturgia das Horas quanto os sacramentos com espírito de fé, com a caridade do Bom Pastor, pois sem este esforço contínuo e perseverante próprio do sacerdócio pastoral, dificilmente será autêntica a "cura de almas", capaz de construir, santificar uma comunidade, na qual verdadeiramente resplandeça a Igreja de Cristo.

> O sacerdote deve ser um homem que conhece Jesus por dentro, que se encontrou com Ele e aprendeu a amá-lo. Por isso o sacerdote deve ser, antes de tudo, um homem de oração, um homem realmente "espiritual". Sem este forte conteúdo espiritual ele não é capaz de perseverar no seu ministério com o passar do tempo. [...] Se os sacerdotes, hoje em dia, se sentem extenuados, fatigados e frustrados, a razão é uma busca crispada de eficiência.

---

160. PDV 26.

161. PO 5.

162. SC 18.

163. SC 83.

164. PO 5.

A fé tornou um fardo pesado, difícil de arrastar, quando devia ter asas que nos transportam[165].

Outro múnus que se soma aos dois anteriores e assim completa a missão pastoral do presbítero é o carisma pastoral de governar, de guiar, é o *munus regendi*.

A caridade pastoral é uma chave para entender este carisma pastoral na missão presbiteral. A caridade se traduz numa entrega existencial total, sem reservas à comunidade[166]. Mesmo sendo um desafio para os tempos atuais, não se pode deixar de, "à imagem do Bom Pastor, ser homem de misericórdia e compaixão, próximo a seu povo e servidor de todos [...]"[167].

> O Povo de Deus sente a necessidade de presbíteros-discípulos: que tenham profunda experiência de Deus, configurados com o coração do Bom Pastor, dóceis às orientações do Espírito, que se nutram da Palavra de Deus, da Eucaristia e da oração; de presbíteros-missionários: movidos pela caridade pastoral que os leve a cuidar do rebanho a eles confiado e a procurar os mais distantes, pregando a Palavra de Deus, sempre em profunda comunhão com seu bispo, com os presbíteros, diáconos, religiosos, religiosas e leigos; de presbíteros-servidores da vida: que estejam atentos às necessidades dos mais pobres, comprometidos na defesa dos direitos dos mais fracos, e promotores da cultura da solidariedade[168].

Isto é chamado de expropriação, como explica São Pedro, que faz do presbítero um homem buscando não seus próprios interesses, mas tão somente servir sua comunidade (1Pd 5,2-3).

Diferentes dos falsos pastores, apascentadores de si mesmos (Ez 34; Jr 23,1-6; 31,10; Zc 11,4-7; Mt 18,12-14; Lc 15,4-7; Jo 10,1-18), o múnus de governar faz do presbítero, inicialmente, uma testemunha autêntica de Cristo Bom Pastor, enquanto realiza em sua vida um serviço de amor desinteressado à comunidade confiada a si pelo bispo.

> Para manter o coração animado, é necessário não negligenciar estas duas ligações constitutivas de nossa identidade: com Jesus e com o povo. Sempre que nos desligamos de Jesus ou negligenciamos nossa relação com Ele, pouco a pouco, nossa dedicação vai definhando e nossas lâmpadas ficam

---

165. RATZINGER, J. *Compreender a Igreja Hoje*, p. 80.

166. PO 13.

167. DAP 198.

168. DAP 199.

sem o azeite capaz de iluminar a vida (Mt 25,1-13). Quanto a outra ligação, robusteçam e nutram o vínculo com o povo. Não se isolem de seu povo nem dos presbíteros ou das comunidades. E menos ainda em grupos fechados e elitistas[169].

Neste interim, cada presbítero, como pastor, ou responsável direto de uma comunidade, deve assegurar, coordenar o desenvolvimento de todos os dons e carismas indispensáveis suscitado pelo Espírito Santo, na comunidade, para o bem de todos[170]. Ele tem a obrigação de organizar a liturgia e a catequese, prover o necessário sustento espiritual para os casais que buscam o Sacramento do Matrimônio, e para os diversos movimentos espirituais e apostólicos. Outro dever é discernir em relação aos sinais dos tempos para, assim, descobrir a vontade salvífica de Deus no caminhar histórico de sua comunidade, bem como aproximar-se preferencialmente dos mais pobres e daqueles à margem da sociedade. Também, visitar e ajudar os doentes e imigrantes. Dentre todas estas coisas, deve promover a unidade dos membros de sua comunidade com o presbitério, com o seu bispo, superior e, claro, com o santo padre, o Papa[171].

A essência deste múnus de governar, reger (*munus regendi*) é ser o artífice da unidade em sua comunidade. Desta forma, o presbítero deve zelar pelo seu povo, ou aqueles confiados a ele, de tal modo, que estes sempre vivam segundo as exigências da caridade, administrando continuamente em favor, da comunidade, as graças recebidas. As diferenças serão respeitadas, assim o presbítero torna-se um verdadeiro promotor da unidade.

Portanto, pode-se dizer que, agindo desta forma, o presbítero torna-se homem de comunidade, um educador e formador a partir de uma contínua resposta relacional, através da oração, do anúncio da Palavra de Deus, de uma vivência responsável e comprometida dos sinais sacramentais, em especial a Eucaristia.

> Nenhuma comunidade cristã se edifica sem ter raiz e cimo na celebração da santíssima Eucaristia, a partir da qual, portanto, toda educação para o espírito de comunidade deve ter seu início. Tal celebração para ser sincera e plena, deve levar tanto às obras de caridade e auxílio mútuo quanto à ação missionária, assim como às diversas formas de testemunho cristão[172].

---

169. FRANCISCO, PP. *Aos sacerdotes*, p. 25-26.

170. PDV 26.

171. PO 6.

172. PO 6.

Embora, ao ser considerado homem da comunidade, o presbítero não deve deixar-se, de modo pejorativo, chamar de pastor da massa. Uma comunidade eclesial, mesmo pequena ou grande, nunca deverá ser massificada, pois Cristo, o Bom Pastor, ensinou que é tarefa específica conhecer, respeitar e promover a personalidade de cada pessoa humana no contexto da comunidade, bem como de toda a sociedade. E, é claro, não se tira o direito de se sentir Igreja, mas, sim, induz buscar todo conhecimento necessário para ser parte integrante e comprometida, ou seja, com "preciosa contribuição [...], pela experiência de vida, competência profissional, científica e trabalhista e inteligência crista"[173] ser parte integrante da comunidade. O dever do presbítero é conduzir o Povo de Deus a ser esta parte integrante, "enquanto educadores da fé, cuidar por si ou por outros que cada fiel [...] seja levado no Espírito Santo a uma caridade sincera e ativa e à liberdade pela qual Cristo nos libertou"[174].

A graça deste múnus de reger, governar, torna-se fonte de espiritualidade movida pela caridade pastoral, existente na vida de cada presbítero. A oblação e a busca do cultivo desta graça podem levar o presbítero a não cair no simples funcionalismo e, assim, comungando da mesma caridade de Cristo Bom Pastor, "que por toda parte andou fazendo o bem" (At 10,38), será capaz de tornar fecunda sua missão junto ao povo que Deus lhe confiou.

> Essa maneira de dizer que o caminho de busca da santidade é o mesmo para todos se aplica também à espiritualidade do presbítero, pois o padre deve cultivar em sua própria vida a mesma espiritualidade que ele compartilha com as pessoas a quem serve e, um dos eixos de aproximação é a caridade pastoral [...]. Além disso, os outros fiéis partilharão com ele essa espiritualidade na vida de cada dia e, dessa forma a espiritualidade de cada um será enriquecida pela espiritualidade dos outros[175].

Nos últimos cem anos, a questão da espiritualidade missionária tem surgido com crescente insistência nos documentos do Pontifício Magistério relativos à missão. Se houve um momento paradigmático em que a Igreja entendeu sua missão como vocação, para viver e transmitir o amor de Deus, precedendo-a e constituindo-a, foi o *kairós* eclesial do Concílio Vaticano II. Em vez de ceder aos medos e receios, face aos desvios ou ameaças do mundo moderno, a assembleia conciliar soube deixar-se guiar pelo Espírito para se abrir ao homem

---

173. DP 795.

174. PO 6.

175. DEBATIN, O. *A espiritualidade do presbítero*, p. 51.

contemporâneo e reconhecer, na sua situação, novas possibilidades na prática e na vivência da fé.

> Iluminada pela luz deste Concílio, a Igreja, como esperamos confiadamente, engrandecerá em riquezas espirituais e, recebendo a força de novas energias, olhará intrépida para o futuro. Na verdade, com atualizações oportunas e com prudente coordenação da colaboração mútua, a Igreja conseguirá que os homens, as famílias e os povos voltem realmente a alma para as coisas celestiais[176].

As grandes mudanças, as aspirações e as questões mais radicais do homem para apoiar os movimentos do Espírito no seu tempo, propuseram, à luz do mistério de Cristo, falar a todos "os homens e expor-lhes o seu modo de conceber a presença e a atividade da Igreja no mundo de hoje"[177].

> Em uma sociedade que dá muito valor ao desenvolvimento, ao progresso e às conquistas, a vida espiritual torna-se com facilidade objeto de preocupações, como as expressas nas perguntas: "Quão adiantado estou?"; "Em que nível estou e como passo para o próximo?"; "Quando alcançarei o momento de união com Deus e a experiência da iluminação?" Ainda que questões como essas não sejam desprovidas de sentido, podem tornar-se perigosas contra o pano de fundo de uma sociedade orientada para o sucesso[178].

Existe uma necessidade de vencer o fantasma do modernismo, promovendo assim uma experiência de fé que, conduzida pelo Concílio, opta por uma renovação tridimensional como a abertura às fontes, à outras confissões cristãs e às questões de toda a humanidade. Move um retorno ao sentido pleno da teologia e seu dever missionário, requerendo o arriscar do cristão, vencendo a estagnação, acomodação, com a finalidade do ser humano encontrar sentido realmente no que só pode ser contemplado no próprio Cristo. O amor de Deus manifestado em Cristo precede não apenas no plano cronológico ou paradigmático, mas em sua providência, sustentando a resposta amorosa do homem. A missão da Igreja está naturalmente enraizada neste dinamismo amoroso de Deus-conosco.

> De fato, no acontecimento da Salvação, revela-se à humanidade não só o amor infinito de Deus que "amou de tal modo que lhe deu seu Filho único" (Jo 3,16), mas também o valor incomparável de cada pessoa humana. A

---

176. JOÃO XXIII, PP. Discurso na Abertura Solene do Concílio Vaticano II, Origem e Causa 4.

177. GS 2.

178. NOUWEN, H.J.M. *Crescer* – Os três movimentos da vida espiritual, p. 15.

Igreja, perscrutando assiduamente o mistério da Redenção, descobre com assombro incessante esse valor e sente-se chamada a anunciar aos homens de todos os tempos esse "evangelho", fonte de esperança invencível e de alegria verdadeira para cada época da história. O Evangelho do amor de Deus pelo homem, o Evangelho da dignidade da pessoa e o Evangelho da vida são um único e indivisível Evangelho[179].

Na boa lógica, pode-se afirmar que assim como o amor não é mais uma prescrição, mas uma resposta ao dom concedido, também a missão não reside apenas no mandato expresso do Senhor Jesus (Mt 28,19-20), contudo, e mais profundamente, no próprio dinamismo da existência cristã. O envio missionário dos discípulos, "o anúncio deste único e indivisível Evangelho", é inclusão na vida de Deus, na sua forma de doação, por isso, participação na abertura divina ao mundo. É felicidade concretizada no servir.

> É no tempo e na história atuais que o Cristão e as comunidades eclesiais são chamados a viver a vida nova. Já têm a semente da nova criação, mas é preciso cultivá-la e desenvolvê-la, conformando-se à imagem de Cristo, no seguimento dele, precisamente no caminho do serviço e da solidariedade reais. O significado da ressurreição de Jesus Cristo não pode ser separado do sentido da sua morte e, por sua vez, do sentido total da sua vida. A abertura confiante à vontade do Pai e o serviço solidário aos irmãos foram vividos por Jesus no concreto da sua história, com seus condicionamentos e conflitos, com tentações e lutas que teve de enfrentar[180].

São essas considerações, podendo parecer meramente especulativas, que revelam, no entanto, a identidade e a consistência da vocação missionária da Igreja. Em si, ela não tem um ser e uma capacidade de significação própria. Sua missão não é paralela à de Cristo. Pelo contrário, a Igreja se conhece como "sacramento, isto é, sinal e instrumento"[181] da abertura de Deus em Jesus Cristo. É Igreja una em Jesus Cristo, chamada a congregar o seu povo na unidade em Deus, ou seja, "é sempre o Senhor que congrega seu povo único e uno em seu único sacrifício. Em todos os lugares trata-se da reunião daquilo que é uno"[182]. Assim, se faz entender que tudo parte de Deus e volta para Ele, existindo uma dupla forma de abertura da Igreja ao mundo, ou seja, a missão como realização conjunta do movimento de

---

179. EV 2.

180. RUBIO, A.G. *Unidade na pluralidade*, p. 210.

181. CEC 775.

182. RATZINGER, J. *Compreender a Igreja Hoje*, p. 19.

envio e o simples gesto de amor, na simples preocupação com o outro, no cumprimento do amor de Deus emanado do seu coração chegando ao coração de seu povo, e este, como resposta, serve com amor.

> É morada de seus povos; é casa dos pobres de Deus. Convoca e congrega todos em seu mistério de comunhão, sem discriminações nem exclusões por motivos de sexo, raça, condição social e pertença nacional. Quanto mais a Igreja reflete, vive e comunica esse dom de inaudita unidade, que encontra na comunhão trinitária a sua fonte, modelo e destino, torna-se mais significativo e incisivo seu operar como sujeito de reconciliação e comunhão na vida de nossos povos[183].

Vista a partir do desenrolar da história da salvação, a Igreja, "finalidade de todas as coisas"[184], "Reino de Cristo misteriosamente presente"[185], aquela que o Senhor Jesus "dotou de uma estrutura que permanecerá até a plena consumação do Reino"[186] é, igualmente, apostólica por assumir o ardor missionário de Cristo, continuado por seus apóstolos que, pelo seu ministério e identidade próprios, serviram e servem, juntamente com seus colaboradores, diretos e indiretos, através do sacrifício oferecido diariamente na história, às necessidades concretas do Povo de Deus encontrado por todo o canto do mundo. É Igreja servidora, é povo acolhedor, perseverante no dom de servir. É sacrifício realizado diariamente no altar do mundo pelos que dizem sim, diariamente, a Deus, por meio da graça do ministério ordenado.

> As múltiplas perspectivas do Reino de Deus não enfraquecem os fundamentos e as finalidades missionárias; pelo contrário, fortificam-nas e as expandem. A Igreja é sacramento de salvação para toda a humanidade; sua ação não se limita àqueles que aceitam sua mensagem. Ela é força atuante no caminho da humanidade rumo ao Reino escatológico; é sinal e promotora dos valores evangélicos entre os homens. Neste itinerário de conversão ao projeto de Deus, a Igreja contribui como seu testemunho e atividade, expressa no diálogo, na promoção humana, no compromisso pela paz e pela justiça, na educação, no cuidado dos doentes, na assistência aos pobres e "mais pequenos", mantendo sempre firme a prioridade das realidades transcendentes e espirituais, premissas da salvação escatológica[187].

---

183. DAP 524.

184. CEC 760.

185. CEC 763.

186. CEC 765.

187. RM 20.

Não se pode pensar em comunhão e missão como alternativas; elas se implicam mutuamente. Se a Igreja não partisse do amor experimentado na comunhão com Deus, da vida que dela recebe, a sua missão seria apenas uma busca de si mesma, através das mais diversas atividades que pudesse realizar.

Da mesma forma, a Igreja não poderia descobrir a superabundância da comunhão com Deus se não assumisse a missão como forma concreta de acolher, de viver o amor missionário de Deus. Em última análise, a missão que a Igreja cumpre é a própria comunhão celebrada e atualizada, proclamada e humildemente transmitida através dos diversos meios e modos realizados, principalmente a missão de cada ministro ordenado que, assumindo para si o "agir de Cristo", realiza a Salvação onde estiver.

Embora se saiba que o anúncio da salvação está intimamente relacionado com as origens da Igreja, com a sua própria essência, ressalta-se que a comunidade eclesial já celebra a salvação nos ritos e a atualiza continuamente nas obras, anunciando-a expressamente por meio da Palavra evangelizadora.

Os múnus de ensinar, santificar, e guiar estão presentes na vida da Igreja, fazendo parte de um contexto pessoal, pois envolvem diretamente a pessoa do presbítero, vivendo e exercendo seu ministério junto à sua comunidade, na força, na graça concedidas pela existência e ação de cada múnus. Viver na Igreja, pela Igreja e com a Igreja supõe um esforço contínuo, o qual pode ser contemplado na existência de vários e muitos homens de boa vontade que, no correr da história e da vida da Igreja, conseguiram e conseguem, mesmo diante de tantas dificuldades, expressar com a própria vida o sentido maior do chamado que Deus outrora tinha feito. Trata-se de uma vida de doação em todos os sentidos.

> No modelo denominado "servo-líder", o sacerdote, convencido da dignidade fundamental e da igualdade básica dos membros do Povo de Deus, se relaciona com os fiéis como líder-companheiro e não como alguém dotado de uma autoridade inquestionável. Ele enfatiza a participação, a corresponsabilidade e o diálogo na condução da vida eclesial. Como "portador do mistério", sua tarefa é introduzir e iniciar as pessoas no mistério de Deus; ele é um "mistagogo". O ministério colaborativo é preponderante: o padre, sem demérito de seu papel único de sacerdote ministerial, concentra-se nos dons ministeriais da comunidade e incentiva-os e promove-os, para benefício de todos. Esse padre precisa de uma espiritualidade secular, e o ritmo de sua busca espiritual é marcado por suas atividades ministeriais. O Povo de Deus é redimido enquanto povo; por isso, o pecado social e institucional ganha relevância: o trabalho pastoral visa a promoção da justiça, da paz e da libertação. Nesse sentido, a comunidade de fé e a ordem

social emergem como o contexto permanente, no qual se manifesta a graça salvadora de Deus[188].

Um caminho que, como nos ensina o magistério, abraça a pobreza, a obediência, o serviço e a abnegação como dons enriquecedores da alma do presbítero, trazendo sentido à verdadeira caridade pastoral, leva a entender o verdadeiro papel do presbítero. Ele reconhece, a partir da própria vida, da sua relação com Deus, no dom do serviço, o caminho correto para se chegar a um entendimento perfeito de espiritualidade da missão. "Assíduos na oração, fervorosos na caridade, pensando o que é verdadeiro, justo e de boa fama, fazendo tudo para a glória e honra de Deus"[189], configura, pela caridade pastoral, o presbítero no agir, no dom do serviço e na santidade, encontrando-se plenamente enraizados na própria pessoa de Cristo.

Muitos são os problemas que interferem nesta relação do presbítero consigo mesmo, com Deus, com a Igreja e com a criação. Por não saber se relacionar com seus próprios problemas, o indivíduo deixa de lado interesses, realmente importantes, dando lugar a outras coisas, ou é movido por problemas não condizentes, em momento algum, com sua vida presbiteral ou consagrada. Às vezes, desde o início da formação, não foi trabalhado nenhum dos aspectos que fizeram ou fazem a pessoa ter certos tipos de comportamento. Esta situação não quer dizer que não exista um jeito de melhorar e ajudar no crescimento. O indivíduo possui a necessidade de crescer, isto supõe amadurecimento em todas as dimensões. A ajuda vem, inicialmente, do querer e do se deixar formar, é aceitação daquilo que é proposto na formação e não imposto, assim, para o chamado acontecer, supõe-se a liberdade. O indivíduo é livre para assumir este chamado específico, em qualquer lugar deve estar bem e feliz, acima de tudo, realizado.

Portanto, através de alguns temas, se pretende fazer um levantamento de alguns pontos que impedem o caminhar correto do presbítero. Desta forma, segue a reflexão, sem intencionar apontar este ou aquele erro, mas caminhos propostos para ajudar a quem quer que seja a entender o chamado supondo a liberdade, a formação desde o início do chamado, o descanso, a diversão, a alegria, a convivência sadia em comunidade, não eliminando aqui o presbitério, a acolhida consciente, a honestidade, a fidelidade, a pertença e o profundo entendimento que Deus cuida e não abandona ninguém na missão, mesmo exigente, mesmo aparentemente pesada (Is 49,15). Um levantar oriundo do berço, desde a criação de cada indivíduo.

---

188. BENELLI, S.J. *Perfil do presbítero católico* – Perspectivas divergentes, p. 580-601.

189. LG 41.

Muitas vezes, em paralelo com a pessoa que está realizando o processo de escolha profissional, é preciso um trabalho com a família, para que esta perceba a pressão que faz, de modo consciente ou não, para que o indivíduo trilhe o caminho de sucesso que idealizaram para ele e que, infelizmente, muitas vezes, é contrário aos seus verdadeiros anseios. Este preâmbulo também pode adequar-se à vida religiosa. Não é incomum entre católicos que o vocacionado queira seguir o ofício de um tio padre, ou que tenha outros parentes que já caminham na vida religiosa. Do mesmo modo, no meio evangélico, há em algumas famílias a tradição de vários filhos pastores, seguindo o modelo de um patriarca. Sempre temos pessoas que nos inspiram à escolha profissional; contudo, não podemos perder de vista que o jovem pode estar mais suscetível a fazer uma escolha precipitada e/ou apaixonada e vir a decepcionar-se com o ofício posteriormente[190].

3.2 A construção do caráter presbiteral

A construção de qualquer coisa supõe a existência de um projeto. Dentro deste projeto existe um sujeito determinante no êxito da construção e execução dele, em relação ao ministério presbiteral, sabe-se que este sujeito principal é Deus. Assim, os valores e princípios partem de uma realidade divina, o ministro será definido pelo seu agir, pela forma de colocar em prática estes valores e princípios.

Todos estes valores e princípios não chegam "do nada", mas partem de uma realidade formativa constante, de um querer ser formado, de uma abertura consciente do indivíduo chamado. Desta forma, é importante destacar o tempo de formação, ele é essencial no crescimento e no fortalecimento moral do indivíduo que busca o ministério presbiteral. A construção do caráter em relação ao ministério está inteiramente ligada à formação, independente do seu tempo, pois ela deve ser permanente.

A questão possível nesta situação é a do papel da teologia moral, estudada pelos ministros em seu currículo acadêmico. Os estudos de teologia visando a pregação e a vida penitencial-sacramental apresentam um fundamento geral de moral, focando nas particularidades da moral da vida, amor, sexualidade, bem como os conteúdos da moralidade social, reduzidos em um tom manualístico para os conteúdos do ensino eclesial serem conhecidos.

---

190. CAMPOS, L. *A dor invisível dos presbíteros*, p. 31.

As decisões por mais complexas que sejam, não podem somente ser tomadas tendo como princípio de temas estudados, apresentados pelo currículo teológico. Daí a necessidade de uma ética aplicada, de uma deontologia com cunho profissional, direcionando, ao ser contemplada, um caminho correto a ser seguido.

A ética aplicada conduz os atos morais da vida de alguém, tanto de forma privada quanto pública em relação a uma profissão, bem como em relação aos benefícios que ela traz para uma sociedade. De acordo com o espaço ocupado pela ética, os objetivos e os bens a serem perseguidos, assim como os valores e hábitos dessa pessoa, concentram-se para o seu bem, percebendo algo bom para ela, o que ela tem a oferecer aos cidadãos na sociedade onde está inserida.

Por sua vez, a deontologia profissional concentra-se nas atribuições existentes em relação ao desempenho profissional do homem do ofício em questão. Busca-se determinar as demandas éticas, as quais não podem ser dispensadas por parte dos profissionais, nem executáveis pelos que solicitam seus serviços. Não se pode perder o foco; nesta dinâmica, a própria pessoa que assume essas demandas – mesmo que sejam deliberadas pelo grupo profissional ao qual pertence, ou seja, a figura do presbítero – é de extrema importância para a Igreja.

Não é necessário insistir na relação de ambos os campos com a teologia, pois os dados essenciais da vida do presbítero são extraídos das fontes primordiais da teologia: da Escritura, da Tradição e do Magistério. Esse é especialmente o caso da ética aplicada, enquanto a deontologia estaria mais próxima do direito. No caso de ministros, a ética aplicada daria origem a uma teologia ligada diretamente às suas vidas, propositando extrair algumas atitudes que compõem a essência do sacerdócio, é por este caminho que o presente trabalho deseja caminhar. A deontologia pode ser trabalhada nos campos de atuação da pessoa do presbítero.

Nesta situação, deve-se conceber a figura do ministro percebendo-se uma mistura de elementos vocacionais, de certa forma, outros relacionados à sua conduta. Esta mistura caracteriza-se por uma secularidade e exigência próprias do ministério presbiteral.

É imprescindível ao vocacionado a necessidade de se saber o que deve fazer, discernir entre o bem e o mal. A figura humana continua presente na pessoa do presbítero, mesmo quando já está munido da graça sacerdotal. Trata-se de um homem sujeito às intempéries do mundo, sujeito a erros e acertos. Sobre este homem brilha o "esplendor da verdade"[191], a realidade divina; assim como para todos os homens deve ser motivo de busca e acertos, objetivando colocar em prática o correto no agir e no pensar.

---

191. VS abertura.

Mas nenhuma sombra de erro e de pecado pode eliminar totalmente do homem a luz de Deus Criador. Nas profundezas do seu coração, permanece sempre a nostalgia da verdade absoluta e a sede de chegar à plenitude do seu conhecimento. Prova-o, de modo eloquente, a incansável pesquisa do homem em todas as áreas e setores. Demonstra-o ainda a sua busca pelo sentido da vida. O progresso da ciência e da técnica, esplêndido testemunho da capacidade da inteligência e da tenacidade dos homens, não dispensa a humanidade de pôr-se as questões religiosas últimas, mas antes, estimula-a a enfrentar as lutas mais dolorosas e decisivas, que são as do coração e da consciência moral[192].

Sem dúvida, existe uma preocupação natural nos seres que buscam realizar algo em especial, exercendo uma missão específica junto a um povo, uma comunidade, uma cultura, dentro de um meio acadêmico etc. Desta maneira, cumprir as leis éticas inerentes ao seu ofício deve atender às expectativas éticas de sua ordem, grupo, instituição e, estas, podem ser compartilhadas pelos padres. A vida em sociedade se torna útil para iluminar a realidade do ministério ordenado com novas perspectivas.

Os presbíteros, como qualquer pessoa exercendo outra função na sociedade, por exemplo, médicos, professores e as mais variadas funções, deveriam se esforçar para que seus "clientes", seus fiéis, recebam deles o indispensável, de acordo com suas preocupações ou necessidades. Estas preocupações estão inerentes à missão desempenhada pelo presbítero, pois no cotidiano, pelas necessidades apresentadas, ele percebe os meios precisos para ajudar a fortalecer aquele que busca, por intermédio do ministério presbiteral, construir-se, fortificar-se mediante os problemas pessoais.

A ética profissional, por suas motivações e atitudes, não pode ser aplicada, sem mais, à vida e ao ministério do presbítero. As motivações teológico-vocacionais para seguir Jesus de Nazaré, levando em consideração o ministério ordenado, não se encaixa perfeitamente, pois, da mesma forma, as atribuições exigidas ao presbítero, no exercício de seu ministério, não podem ser coletadas com a simplicidade das dedicatórias semelhantes, porque as perspectivas essenciais de ser ministro eclesial se adequam às realidades teológicas do sacramento em questão, visto que sua principal missão no exercício consciente do ministério está em agir *in persona Christi,* cujo objeto de missão, de trabalho, está relacionado às múltiplas questões e objeções relacionadas à vida humana, ou seja, "não se trata de con-

---

192. VS 1.

testações parciais ou ocasionais, mas de uma discussão global, sistemática do patrimônio moral, baseada em determinadas concepções antropológicas e éticas"[193].

A demanda pela própria internalização, bem como a assunção da realidade presbiteral e vocacional nos tempos atuais em relação à identidade dos ministros ordenados, possibilita se colocar no contexto de um caminho para apontar a importância de se ter um código de ética pessoal a fim de ajudá-los nessa tarefa e no enfrentamento das dificuldades inerentes à própria vida, ao ministério.

Existe uma variada gama de expressões referentes a esta reflexão partindo da concepção do que o estudo teológico entende por ministério, assim como este estudo proporciona um conhecimento mais consensual daquilo que se pode chamar de teologia moral. Partindo da perspectiva de sua consciência pessoal, de acordo com as condições de seu caráter, das dificuldades presentes relacionadas à sua personalidade, de seu lugar eclesial, ou de sua sensibilidade para com os vários aspectos do ministério, um código de ética serviria de forma expressiva na contextualização de todo trabalho formativo, do início ao permanente.

> A dimensão humana do serviço sacerdotal, para ser totalmente autêntica, terá de radicar-se em Deus. Com efeito, através de tudo aquilo que nele é "a favor dos homens", tal serviço "concerne a Deus": está a serviço da múltipla riqueza dessa relação. Sem um esforço para corresponder plenamente àquela "unção do Espírito do Senhor", que o constitui no sacerdócio ministerial, o sacerdote não pode satisfazer aquelas expectativas que os homens – a Igreja e o mundo – justamente depositam nele[194].

De certa forma, pode-se destacar que a moralidade para o padre é pressuposta. Ele, para muitas pessoas, é considerado um homem cultivado em seu comportamento, através do contato com a Palavra de Deus, dedicado e prontificado ao serviço aos outros. Exercendo seu ministério no trabalho de reconciliação, aproxima-se das pessoas, não por saber de suas vidas, mas pela "intimidade" ali apresentada, seja pelo segredo confessional, seja pela direção espiritual oferecida. Ele é homem com o povo, mas para o povo é alguém especial munido de uma graça ímpar; isto deve ajudar a construir, de todas as formas, o seu comportamento e sua forma de agir.

> Fizemos um grande sacrifício para deixar tudo – relictis omnibus (Lc 5,11) – como os apóstolos a servir Jesus. Envidamos esforços sem conta para estudar, para vencer as nossas tendências naturais, para ul-

---

193. VS 4.

194. JOÃO PAULO II, PP. *Carta a todos os sacerdotes da Igreja por ocasião da Quinta-feira Santa de 1991*, 2.

trapassar a nossa preguiça e nossa sensualidade, para superar as exigências do seminário e conseguir a ordenação presbiteral... Não podemos, depois de tudo isso, deixar-nos desviar por algo que nos atrai, que nos separa do nosso caminho, da nossa vocação divina. Temos de ser coerentes. Da fidelidade depende a nossa felicidade, talvez a nossa salvação. Deus nos chamou com um amor de predileção: não podemos decepcioná-lo. Os nossos pais entregaram seus filhos para que se tornassem *outro Cristo*: não podemos sabotar suas expectativas. O nosso povo está querendo enxergar em nós a imagem do Salvador, a esperança de encontrar em nós a segurança nas vicissitudes angustiosas desta vida. Não podemos permitir que sofram essa frustração com nossa infidelidade[195].

Ao se olhar para a realidade atual ou mesmo há um bom tempo, acontecimentos de caráter moral grave ou muito grave, amplamente revelados pela mídia, abordados desde o campo da justiça, sugerem a necessidade de uma atenção mais profunda à questão ética relacionada ao ministério ordenado, porém, não se propõe relatar este ou aquele caso, mas fazer uso de princípios éticos ou levantamento dos mesmos para ajudar aqueles que exercem seu ministério ou almejam alcançá-lo, a adquirir o conhecimento suficiente, determinando assim o seu verdadeiro caráter como pessoa e como ministro ordenado.

À luz de tudo quanto se disse sobre a identidade, a comunhão do sacerdote realiza-se antes de tudo com o Pai, origem última de todo o poder; com o Filho, em cuja missão redentora participa; e com o Espírito Santo, que lhe dá a força para viver e realizar a caridade pastoral que, como "princípio interior, a virtude que orienta e anima a vida espiritual do presbítero", o qualifica sacerdotalmente. Uma caridade pastoral que, longe de estar reduzida a um conjunto de técnicas e métodos direcionados à eficiência funcional do ministério, faz referência à natureza própria da missão da Igreja, destinada à salvação da humanidade[196].

Portanto, uma primeira intuição a oferecer, dentro de um contexto prático, é dizer que, para se afirmar o caráter presbiteral, há a necessidade de conceber a formação, principalmente teológica, de forma contínua, ter presente as questões apontando as dificuldades na vida pessoal do presbítero, nas várias áreas de sua vida: afetiva, espiritual, jurídica, econômica etc. Talvez, sempre tenham estado presentes ao longo da história, mas parece ser urgente o aprofundamento da di-

---

195. CIFUENTES, R.L. *Sacerdotes para o Terceiro Milênio*, p. 38-39.

196. DMVP 29.

mensão ética na vida presbiteral, intuindo ajudar os ministros a administrar-se neste campo. De uma forma ou de outra, todo padre sente o peso de sua própria humanidade, nem sempre tem os instrumentos adequados para superar suas deficiências morais no serviço aos outros.

O comportamento ético do presbítero não pode ser isolado das demais perspectivas em volta do ministério ordenado, devendo ser integrado no conjunto de considerações teológicas sobre o sacerdócio. Com isso, há a necessidade de um espírito crítico a respeito da visão obtida do sacerdócio na atualidade. A crise de identidade existe por vários fatores e isto afeta a dimensão prática do próprio ministério. Por isso, conceber uma visão crítica do ministério na atualidade pode e deve ajudar a garantir uma consciência expandida que vai da verdade do chamado à plenitude do sacramento. Não há como conceber o ministério presbiteral sem a pessoa de Cristo, a dimensão espiritual entra como essencial, mesmo neste tempo e num mundo cada vez mais secularizado.

> O sacerdote deve ser um homem que conhece Jesus a partir de dentro, que se encontrou com Ele e aprendeu a amá-lo. Por isto o sacerdote deve ser, antes de tudo, um homem de oração, um homem realmente "espiritual". Sem este forte conteúdo espiritual ele não é capaz de perseverar em seu ministério com o passar do tempo. Deve aprender também com Cristo que o que importa em sua vida não é sua autorrealização nem o sucesso. Deve aprender a não construir uma vida interessante e agradável para si, mas trabalhar para Cristo, centro único de toda pastoral[197].

Ainda se tira vocacionados de suas verdadeiras realidades e os coloca atrás de "muros" que, aparentemente, parecem esconder uma realidade de Igreja, mas os ensinamentos continuam os mesmos. Eles são conduzidos por esta instituição sábia em discernir os sinais dos tempos, não deixando jamais de buscar a verdade, encontrando sua razão de ser no próprio Cristo.

> Quem ama deseja conhecer. Por isto, do verdadeiro amor a Cristo brota o desejo de conhecê-lo sempre melhor, a ele e a tudo que lhe pertence. Se o amor a Cristo se torna necessariamente amor aos homens, a educação para Cristo deve incluir também a educação para a virtudes naturais do ser humano. Se amá-lo implica conhecê-lo, a disponibilidade a um estudo sério e cuidadoso é nada mais do que sinal de seriedade da vocação e de uma busca interior autêntica da proximidade com Cristo[198].

---

197. RATZINGER, J. Compreender a Igreja Hoje, p. 80.

198. RATZINGER, J. Compreender a Igreja Hoje, p. 81.

Assim, apontar alguns perigos, os quais alimentam a falta de clareza na vocação dos ministros sagrados, pode contribuir para essa situação de crise. O secularismo, uma aparente negação da fé, a falta de preocupação em relação à própria vida do vocacionado em um mundo voltado para o virtual, frequentemente denuncia mudanças, bem como verdadeiras crises nos seminários diocesanos, na vida religiosa e indicam, não mudanças, mas necessidades de consonância formativa para que, através de novas concepções da realidade, se crie um espírito crítico, ajudando as pessoas a permanecerem e não se afastarem da Igreja. "Por isso precisamos ser críticos das comunidades de influência que moldam a visão moral dos ministros atualmente"[199].

Portanto, normalmente há a possibilidade da identidade do padre sofrer danos aparentemente incorrigíveis, a ponto de levar o presbítero a não ter distinção entre ser um padre ou um professor, um verdadeiro líder ou um gerente paroquial. É algo mais profundo, não deixando o externo mostrar ou revelar o verdadeiro padre. Não é uma roupa, uma marca no corpo, um adereço ou a fama que mostra quem é a pessoa do padre, mas a intimidade adquirida, relacionada à vida do ministro e à sua relação com o próximo, com a Igreja e com o próprio Cristo.

A secularização, entendida de forma negativa para a vida e para a identidade presbiteral, seria como espinhos, abrolhos, preocupações que não consentem o crescimento da semente da vocação, impedindo a continuidade da caminhada (Mt 13,1-23).

O subjetivismo é identificado como uma tendência perigosa capaz de levar o indivíduo a fechar-se no seu mundo, dificultando as relações humanas e a dedicação ao ministério, limitando a pessoa em sua disponibilidade e entrega. Além disso, no processo formativo pode facilitar a um aproveitamento, a uma compreensão dos estudos, a princípio necessários para a gestão, algo voltado para o benefício único e exclusivamente pessoal; infelizmente, não ao serviço da Igreja e da sociedade.

Além disso, este subjetivismo misturado com o hedonismo, a busca do prazer, "o que sinto e gosto", propicia a existência de falhas na concepção do verdadeiro ser de um padre. Isto obscurece algumas dimensões essenciais do trabalho ministerial, selecionando responsabilidades e deveres, baseados em critérios não muito ou nada evangélicos. Seguindo nesta visão, afirma-se que:

> O sacerdote pós-moderno está no centro de um processo de transformação estrutural no campo da sua formação e atuação na sociedade pós-moderna; processo este que, inserido em uma sociedade que sofre constantes e

---

199. GULA, R.M. *Ética no Ministério Pastoral*, p. 51.

rápidas alterações, é dinâmico e imprevisível, gerando, portanto, contínuas e inevitáveis crises e dúvidas que, enquanto não houver uma profunda e duradoura transformação no modelo e na dinâmica da sociedade ocidental, tendem a continuar e se intensificar de modo cada vez mais intenso[200].

Ademais, juntar-se ao subjetivismo e ao hedonismo às experiências de vida sexual desintegradas torna difícil a compreensão da sexualidade como força construtiva do ser humano na sua integridade e totalidade; tudo isto transforma-se em terreno fértil para graves irresponsabilidades e desajustes, possibilitando abusos e situações dramáticas, criminalmente responsáveis que, mesmo na atualidade, podem vir à tona, revelando inadequações em alguma fase da formação.

Outra face do subjetivismo é induzida para que a fé seja vivida em um âmbito pessoal. A falta de formação religiosa – uma catequese muito limitada à influência dos meios de comunicação filtrando as mensagens, criando falsas opiniões evangélicas e teológicas – ocasionam, assim, criações de formações teológicas deficientes em seminários, com várias causas, afetando determinantemente pessoas e instituições, provocando uma experiência de vida na fé subjetiva distante dos ensinamentos da Igreja; elementos fundamentais para os que se dizem ministros dela.

A construção do caráter presbiteral passa, antes de tudo, pela dimensão pessoal, com toda a sua problemática. É dentro dessa dimensão que o indivíduo estabelece suas conquistas, adquirindo, com elas, a responsabilidade necessária para saber oferecer uma resposta concreta, consciente, verdadeira ao chamado aceito. Não é porque o mundo e a sociedade atual pregam valores contra os ensinamentos da Igreja, que não há a possibilidade de ser feliz como presbítero, ser exemplo como homem e pastor, ser modelo de honestidade e fidelidade a Deus.

> A vocação sacerdotal é um mistério. É mistério de um "admirável intercâmbio" – *admirabile commercium* – entre Deus e o homem. Este dá a Cristo a sua humanidade, para que Ele se possa servir dela como instrumento de salvação, como se fizesse deste homem um outro eu. Se não se capta o mistério deste "intercâmbio", não se consegue compreender como pode acontecer que um jovem, escutando a palavra "Segue-me", chegue a renunciar a tudo por Cristo, na certeza de que, por este caminho, a sua personalidade humana ficará plenamente realizada[201].

É dentro dessa realidade do chamado que o caráter presbiteral é construído, para que os traços morais de sua personalidade ajudem na construção, não só de

---

200. SANTOS, R.C. *Identidade do sacerdote*, p. 6.

201. JOÃO PAULO II, PP. *Dom e mistério*, p. 84.

uma dimensão, mas resultado de uma somatória de valores. Estes auxiliam entender que o homem, buscando interagir com o mundo e Deus, sabe muito bem discernir e construir com sensatez, honestidade e senso de justiça um mundo melhor à sua volta. O verdadeiro caráter de um presbítero não tem outro sentido se não revelar, por si mesmo, o que é ser Igreja: "Uma Igreja que visa a libertação fundamental e que consiste em nos manter dentro de um horizonte do eterno e em fazer-nos sair dos limites de nosso saber e de nosso poder"[202].

3.3 Integridade ministerial e fidelidade sacramental

Tendo como base o estudo sobre o caráter, entende-se estar fundamentado na integridade da pessoa, pois ela busca, através do somatório de valores e vivências, ou até mesmo por meio de suas experiências pessoais, construir a sua vida baseada naquilo que há de melhor, com o intuito de ser feliz. A felicidade está inteiramente relacionada à consecução de tudo de bom adquirido na vida, e com isso realizar a vontade de Deus, demonstrando importância não só em sua vida, mas também na do outro, o qual deve buscar os mesmos intentos para ser feliz.

Desta forma, pode-se afirmar o mesmo do presbítero que, primeiramente, é um ser humano, devendo buscar ser feliz e realizado em seu ministério. Este entendimento percorre por situações e conquistas no percurso de sua formação inicial, de forma contínua, pois ele é permanente. A integridade perpassa pelo chamado, pela aceitação dele, pelas consequências das respostas concedidas no trajeto pelo agir corretamente, pela incessante busca de Deus, ou seja, no saber perdoar, no despojar-se do ter para ser tudo para o próximo. Resumindo: se não tiver em Cristo a sua base, não se chega a lugar algum.

Deus não prometeu facilidade para ninguém. Na luta diária, o presbítero – ou o vocacionado na caminhada formativa – tem diante dos olhos uma missão a ser realizada, segundo a qual não existe para tolos ou fracos, mas para os que sabem enfrentar, como Cristo enfrentou, sua jornada na terra na obediência, na proximidade constante com o Pai, na acolhida para os que se achegam desvalidos, machucados, sem dignidade, na convivência com o indiferente ou com pessoas limitadas em suas condutas, na resposta certa, mesmo que "patética", demonstrando não estar inferior aos problemas do ser humano. Não se pode chegar a uma resposta desta integridade sem observar tudo transpassando pelo Cristo, cujo coração é misericordioso, porém, sabendo enfrentar a hipocrisia alheia, sem des-

---

202. RATZINGER, J. *Compreender a Igreja Hoje*, p. 89.

prezar a virilidade constante de uma empatia ímpar, de uma autoridade própria, configurada a plenitude do ser, sendo verdadeiramente humano.

Se a integridade revela o caráter da pessoa, esta possui um "caráter único e irrepetível"[203], assim, cada pessoa, na imitação concreta de Cristo e inspirada por seus ensinamentos, segue adiante com esta luta diária no enfrentamento da vida, no despojamento, na acolhida, no amar sem reservas, consistindo em servir, assumir cada qual a sua cruz para seguir em frente.

> O ser humano – tanto homem como mulher – é o único ser entre as criaturas do mundo visível que Deus Criador "quis por si mesmo": é, portanto, uma pessoa. O ser pessoa significa tender à própria realização..., que não pode alcançar "senão pela doação sincera de si mesmo". Modelo de tal interpretação da pessoa é Deus mesmo como Trindade, como comunhão de pessoas. Dizer que o homem é criado à imagem e semelhança deste Deus quer dizer também que o homem é chamado a existir "para" os outros, a tornar-se um dom[204].

Diante do ministério e do mistério enquanto pessoa, a figura do ministro é convidada a travar um diálogo com Deus. Neste diálogo, aos poucos, percebe-se, numa perfeita realização, assemelhando, cada dia mais, com o Senhor. O diálogo traz aproximação a Deus, induzindo a descoberta como criatura, como ser humano. Isto é realidade formativa diária, não se esgotando no dia a dia da formação, mas direcionando para o que o próprio Cristo afirmou: "Tudo me foi entregue por meu Pai, e ninguém conhece o Filho, senão o Pai, e ninguém conhece o Pai, senão o Filho e aquele a quem o Filho o quiser revelar" (Mt 11,27; Lc 10,22), então, conhecer a Cristo não se esgota na formação.

> A relação com Deus, relação única e exclusiva, faz de cada indivíduo humano uma pessoa e não apenas mais um indivíduo da espécie humana. Com Jesus Cristo, a valorização do homem como ser pessoal chega até um ponto inimaginável. É em Jesus Cristo que percebemos como é extraordinária a dignidade de cada ser humano concreto, isto é, de cada pessoa. Em Jesus Cristo percebemos como a pessoa se realiza sobretudo na relação com o Tu divino, um Deus certamente com características pessoais. Decerto, a orientação para Deus é a dimensão mais íntima e radical de toda criatura. Todavia, o homem, criado à imagem de Deus, como ser pessoal, é chamado a assumir e a viver consciente e livremente a relação com Deus. É cha-

---

203. RUBIO, A.G. *Unidade na pluralidade*, p. 307.

204. DH 4830.

mado a deliberar e a se decidir pela aceitação do Deus criador-salvador (tendo a possibilidade real de se fechar ao apelo)[205].

Esta realidade integral do presbítero percorre, portanto, por vários fatores que ajudam a dispor a dignidade e o caráter da pessoa. Assim, é necessário relacionar alguns desses fatores para, neste interim, o indivíduo saber qual caminho tomar, ou o que é necessário realizar, explorando sua realidade, durante todo o tempo de formação.

Destaca-se a liberdade, a humildade, a obediência, o amor pelo que faz, a conversão que só solicitada ao povo, contudo vivida pelo presbítero, bem como a solidão vista como fonte de crescimento.

A liberdade como se sabe é um tesouro para todo ser humano: "o homem só pode converter-se ao bem livremente"[206]. Assim Deus criou o homem, conduzindo-o para ser livre, reconhecendo esta graça. A prisão é sofrimento, é morte, é condenação, é tudo de ruim na vida de uma pessoa, é ir ao contrário de tudo o que ensinou Jesus Cristo, porque, assumir a cruz e segui-Lo não é peso, muito menos prisão, porém é libertação para o amor.

Nem um animal deve ser preso, menos ainda o ser humano. Esta liberdade, relacionada ao ministério presbiteral, vai além do que, na normalidade, se pode esperar. Porque a liberdade exige querer uma ou outra condição, a pobreza, o celibato, a obediência; este ou aquele lugar, aquela ou outra paróquia, outro povo, cultura, país. Ser livre dentro do ministério é estar aberto a todas essas coisas:

> É, portanto, o mistério da novidade de Cristo, de tudo o que Ele é e significa, é a soma dos mais altos ideais do evangelho e do reino, é uma manifestação particular da graça, que brota do mistério pascal do Redentor, e torna desejável e digna a escolha da virgindade por parte dos que foram chamados pelo Senhor Jesus, não só a participarem do seu ministério sacerdotal, mas a compartilharem com Ele o seu mesmo estado de vida[207].

Outra condição para seguir em frente com o ministério é a humildade, que consiste, antes de tudo, em ser aquela pessoa que "servindo a todos que lhe foram confiados por Deus, na tarefa que lhe foi entregue e nos múltiplos eventos da sua vida"[208] é capaz, com os valores adquiridos na vida, revelar ser um verdadeiro homem, criado à Imagem e semelhança de Deus. Passar pelos dissabores

---

205. RUBIO, A.G. *Unidade na pluralidade*, p. 311.

206. GS 17.

207. SCa 22 e 23.

208. PO 15.

da vida sendo melhor a cada dia, diante de Deus, para Deus, com Deus, na simples condição de ser melhor para o próximo, ou seja, "assim como procede do homem, da mesma forma a atividade humana se ordena ao homem"[209]. É assumir fielmente ao ser Igreja, no cotidiano, revelando o ministério na dinâmica da participação no sacerdócio de Cristo, sem permitir transparecer nenhuma fraqueza, porque a sua força está em Deus e não naquilo que o mundo oferece. É viver uma ascese diária em que, pelo esforço pessoal, na vida concreta e no esforço moral, possa obter uma vida de santidade.

> Pelo Sacramento da Ordem os presbíteros configuram-se a Cristo sacerdote[...] e por razão especial têm obrigação de adquirir tal perfeição[...] instrumentos vivos de Cristo, eterno sacerdote [...]. Como, pois, todo sacerdote faz a seu modo as vezes da pessoa de Cristo, é também enriquecido com uma graça particular para, servindo ao povo a ele confiado e a todo o povo de Deus, poder alcançar mais aptamente a perfeição daquele de quem faz as vezes, e para que a santidade daquele que por nós se fez pontífice "santo, inocente, sem mancha, separado dos pecadores" (Hb 7,26) cure a fraqueza da carne humana[210].

Outra relação do ministério presbiteral com o Senhor se dá pela graça da virtude da obediência. Uma virtude que deve ser levada às consequências extremas, culminando na Cruz (Fl 2,5-11). Toda remissão realizada por Cristo se dá pela obediência extrema e fiel à vontade do Pai. Assim, através desta obediência redentora, o presbítero torna-se sinal perpétuo, contínuo do Mistério Pascal expresso na própria vida, isto é, na disponibilidade e na obediência. Ele se torna vontade salvífica de Deus, renunciando a si mesmo e entregando-se a cada dia para a realização da vontade de Deus.

Esta obediência também se revela no exercício da relação do presbítero com o seu presbitério. Em união ao seu bispo, em comunhão aos irmãos, mostra-se disponível para a missão presbiteral. Ela é apostólica, pois todo presbítero deve amar e servir à Igreja, à sua estrutura hierárquica e comunitária; pois está inserida na unidade do presbitério[211]. Assim, percebe-se que o ministério presbiteral não é uma atividade exclusiva e isolada, mas sinal de uma colaboração com o bispo e com os irmãos no sacerdócio, ou seja, um agir consciente relacionado à obediência ministerial, estabelecido na vivência da comunhão entre irmãos de presbitério ou comunidade religiosa.

---

209. GS 35.

210. PO 12.

211. PDV 28.

Existe uma corresponsabilidade relacionada a tal situação que, num sentido de cooperação com os irmãos nas opções pastorais, torna-se fator de unidade no próprio presbitério: "[...] Desta maneira, conservam e firmam a necessária unidade com seus irmãos no ministério, sobretudo com aqueles que o Senhor constituiu dirigentes visíveis da sua Igreja [...]"[212]. Portanto, a relação pastoral do presbítero com o seu povo se estabelece, também, na disponibilidade para exercer qualquer missão em obediência a Cristo e à Igreja.

> Mas, precisamente o olhar sobre os regimes que, no século passado, semearam terror e morte, recorda com vigor que a autoridade, em qualquer âmbito, quando é exercida sem uma referência ao Transcendente, se prescindir da Autoridade suprema, que é Deus, acaba inevitavelmente por se voltar contra o homem. É importante então reconhecer que a autoridade humana nunca é um fim, mas sempre e só um meio e que, necessariamente e em cada época, o fim é sempre a pessoa, criada por Deus com a própria intangível dignidade e chamada a realizar-se com o próprio Criador, no caminho terreno da existência e na vida eterna; é uma autoridade exercida na responsabilidade diante de Deus, do Criador. [...] Se esta tarefa pastoral se funda no sacramento, contudo a sua eficácia não é independente da existência pessoal do presbítero. Para ser Pastor, segundo o coração de Deus (Jr 3,15), é preciso um radicamento profundo na amizade viva com Cristo, não só da inteligência, mas também da liberdade e da vontade, uma consciência clara da identidade recebida na Ordenação sacerdotal, uma disponibilidade incondicionada a conduzir o rebanho confiado aonde o Senhor quer e não na direção que, aparentemente, parece mais conveniente ou mais fácil[213].

Assim, sabendo a obediência ser o auxílio para construção do caráter, promovendo a santidade do presbítero, pode-se afirmar que o contrário, a desobediência, contribui para um desajuste profundo do ser do presbítero. A desobediência se encaminha para a desunião no presbitério, bem como o desligar-se da pessoa do bispo. Não é desta forma que se constrói a Igreja, pois, assim como aconteceu com Cristo, a fecundidade apostólica do ministério presbiteral passa necessariamente pela essencial experiência da virtude da obediência[214].

Como fruto desta obediência, o presbítero demonstra a sua alegria e seu amor em servir a Igreja. Este amor e alegria coincidem com o verdadeiro valor

---

212. PO 15.

213. BENTO XVI, PP. *Audiência Geral*, 26 maio 2010.

214. LG 41.

que, para o presbítero, há na Eucaristia e na oração, fontes da caridade pastoral. Uma é o cume, fonte de toda oração presbiteral; a outra, por sua assiduidade, está relacionada à fidelidade à comunidade eclesial, pois exprime toda ação pastoral na ligação direta a Cristo.

Dentro desta vivência presbiteral movida pela humildade, pela obediência se destaca a capacidade do presbítero em saber conviver em qualquer ambiente, com qualquer pessoa, em qualquer situação. Neste interim, a possível "solidão", vista de forma negativa, não há lugar no coração do presbítero, porque ele, livremente, opta pela entrega à doação da própria vida, não possibilitando outros sentimentos, senão os do próprio Cristo.

> A liberdade, portanto, é essencial à vocação, uma liberdade que na resposta positiva se qualifica como adesão pessoal profunda, como doação de amor, ou melhor, de reentrega ao Doador que é Deus, que chama como oblação. "O chamamento – dizia Paulo VI – avalia-se pela resposta. Não pode haver vocações que não sejam livres; se elas não forem realmente oferta espontânea de si mesmo, conscientes, generosas, totais..."[215].

O presbítero não está só, esta consciência é construída com o tempo, com a disposição formativa para que assim, configurado a Cristo, tenha atitudes corretas, correspondendo ao seu ministério.

> Intimamente ligada à formação para a liberdade responsável está a educação da consciência moral: esta, enquanto solicita do íntimo do próprio "eu" a obediência às obrigações morais, revela o significado profundo de tal obediência, isto é, o de ser uma resposta consciente e livre, e, por conseguinte, amorosa às exigências de Deus e do Seu amor. "A maturidade humana do sacerdote – escrevem os Padres sinodais – deve incluir especialmente a formação da sua consciência"[216].

Portanto, a vocação presbiteral sempre será uma resposta existencial, dinâmica e, como tal, deve ser renovada, consolidada diariamente, no transcorrer da própria vida do presbítero.

3.4 Responsabilidade presbiteral e Transparência pastoral

Segundo o Código de Direito Canônico, a "Paróquia é uma determinada comunidade de fiéis, constituída estavelmente na Igreja particular, e seu cuidado

---

215. PDV 36.

216. PDV 44.

pastoral é confiado ao pároco como a seu pastor próprio, sob a autoridade do bispo diocesano"[217]. Trata-se de uma estrutura bastante antiga que, ao longo do tempo, tentou responder às múltiplas mudanças pelas quais passou a sociedade. Recentemente a vida pastoral, em especial a relacionada à administração paroquial, tem sido desafiada pelas novas realidades pastorais e burocráticas do presente.

Dentro desta realidade está inserido o presbítero, não importando sua condição, religiosa ou diocesana, pois em ambas as situações, mesmo um carisma movendo a ação do presbítero que ali desempenha a missão, não tira dele a responsabilidade, por excelência, de agir por causa de uma vocação eclesial.

A conformidade presbiteral em relação à Igreja mostra que o agir do presbítero, frente à vivência da caridade pastoral, será para a posteridade um grande incentivo vocacional, com o intuito de suscitar, promover e desenvolver o futuro da Igreja, concernente à vocação.

De forma dedicada, o presbítero apresenta sua ação junto à uma comunidade eclesial, junto ao Povo de Deus, servindo como Cristo, sendo outro Cristo. Assim, sua autoridade e caridade pastoral fazem parte de uma relação íntima com o Senhor, onde todo presbítero deve estar fortemente ligado, na firme consciência do chamado verdadeiro, fonte inspiradora para a posteridade da Igreja, sem fugir, atento aos sinais dos tempos.

> O sacerdote não deve ter qualquer receio de estar "fora do tempo", porque o "hoje" humano de cada sacerdote está inserido no "hoje" de Cristo redentor. A maior tarefa de cada sacerdote em todo o tempo é o conhecer, o dia a dia, o seu "hoje" sacerdotal no "hoje" de Cristo, naquele "hoje" de que fala a Carta aos Hebreus. Este "hoje" de Cristo está inserido em toda a história – no passado e no futuro do mundo, de cada homem e de cada sacerdote. "Jesus Cristo é o mesmo, ontem e hoje; Ele o será para a eternidade" (Hb 13,8). Se estamos, portanto, inseridos com o nosso "hoje" humano e sacerdotal no "hoje" de Jesus Cristo, não existe o perigo de virmos a ser de "ontem", isto é desatualizados... Cristo é a medida de todos os tempos[218].

Por mais que esteja ligado a Cristo, a pessoa do presbítero tem a responsabilidade sobre os bens espirituais da Igreja e sobre os bens materiais, visando o objetivo de conceber a boa administração, o sustento da Igreja nos seus diversos dinamismos: pastoral, espiritual, missionário, social etc. É evidente que tudo está ligado à dignidade da pessoa humana, caracterizada na essência da vida da Igreja,

---

217. CIC 515.

218. JOÃO PAULO II, PP. *Dom e mistério*, p. 97-98.

na consecução da consciência moral de cada indivíduo, destinando e/ou afirmando, no exercício diário, como deve ser a vida do Povo de Deus, designado à libertação, à vida. "O homem tem no seu coração uma lei inscrita pelo próprio Deus; a sua dignidade está em obedecer-lhe, e por ela é que será julgado"[219].

Assim, não se pode esquecer que é do meio deste povo, com toda a sua dignidade, que brota, no mais íntimo sentido do chamado, a vocação presbiteral. É homem chamado, digno de buscar na Verdade a mediação de responsabilidade e consciência moral que serão transmitidas ao Povo de Deus, mediante inspiração evangélica e clara obediência à Tradição. É um constante formar-se para que haja sempre a força necessária para o enfrentamento da missão.

> Quem ama deseja conhecer. Por isto, do verdadeiro amor a Cristo brota o desejo de conhecê-lo sempre melhor, a Ele e a tudo o que lhe pertence. Se ao amor a Cristo se torna necessariamente amor aos homens, a educação para Cristo deve incluir também a educação para as virtudes naturais do ser humano. Se amá-lo implica conhecê-lo, a disponibilidade a um estudo sério e cuidadoso é nada mais do que sinal da seriedade da vocação e de uma busca interior autêntica da proximidade com o Cristo[220].

Dada a responsabilidade de cada indivíduo, em especial do ministro ordenado, concebe-se a possibilidade de uma verdadeira e sincera nitidez pastoral. Aquilo que se realiza no cotidiano é fruto de uma experiência pessoal, contudo, verdadeira experiência feita por cada presbítero do próprio Cristo diante de uma constante e eterna formação. O presbítero, em "virtude do Sacramento da Ordem, é instrumento vivo de Cristo, sumo e eterno Sacerdote"[221]. Sua pessoa comunga tudo isto, de forma a testemunhar, significar e realizar o sacerdócio de Cristo[222], sendo representação e transparência do próprio Senhor junto ao seu povo a quem tem o dever de conduzir com compromisso e dignidade[223].

Não é, de forma alguma, assumir o lugar de Cristo, mas agir realmente na sua pessoa, ser instrumento que, como barro na mão do oleiro (Jr 18), se deixa ser transformado pelo Senhor para "realizar suas obras grandiosas"[224].

> O sacerdote é um *alter Christus* porque é assinalado com o caráter indelével que o torna semelhante ao Salvador; o sacerdote representa Cristo, o qual

---

219. DH 4316.

220. RATZINGER, J. *Compreender a Igreja Hoje*, p. 81.

221. LG 28.

222. PDV 15.

223. LG 37.

224. SC 7.

disse: "Como o Pai me enviou, assim eu também vos envio a vós" (Jo 20,21); "quem vos ouve, ouve a mim" (Lc 10,16). Iniciado, por vocação divina, neste divino ministério, "é constituído a favor dos homens nas coisas que tocam a Deus para que ofereça dons e sacrifícios pelos pecados" (Hb 5,1). A ele, portanto, é mister recorra quem queira viver a vida de Cristo e deseje receber força, conforto e alimento para a alma; a Ele pedirá o remédio necessário quem deseje ressurgir do pecado e enveredar pelo caminho certo. Por este motivo todos os sacerdotes podem a si mesmos aplicar as palavras do apóstolo: "Somos auxiliares de Deus" (1Cor 3,9)[225].

Ao olhar por este viés, crê-se na autoridade exercida pelo presbítero que, de forma vicária, ou seja, fazendo as vezes de Cristo, é possível, mesmo invisível numa comunidade visível, agir em favor dos homens[226].

Tornar o Cristo visível envolve honestidade em todos os aspectos, até mesmo no que concerne a dimensão administrativa coerente com a posição ocupada pelo ministro. Claro que a honestidade, enquanto virtude humana, deve estar presente na vida de cada pessoa. O presbítero, movido por esta mesma honestidade, deve honrar por meio dela, decentemente, o nome de Cristo. Viver a honestidade é proclamar a Verdade e ser transparente em relação à missão. O ministério presbiteral não pode e não deve cooptar com a mentira, com a possibilidade de se sobressair em relação a Cristo e à Igreja.

A verdade é algo a construir! Assim nos adverte São Tiago: "Sede cumpridores da palavra e não meros ouvintes, enganando-vos a vós próprios" (Tg 1,22). Os sacerdotes são chamados a "fazer a verdade" do seu ser, ou seja, a viver "na caridade" (cf. Ef 4,15) a sua identidade e o seu ministério na Igreja e para a Igreja. São chamados a tomar consciência cada vez mais viva do dom de Deus e a fazer dele contínua memória. É este o convite de Paulo a Timóteo: "Guarda o bom depósito pela virtude do Espírito Santo que habita em nós" (2Tm 1,14)[227].

O ministro que busca a Verdade e a transparência na missão age com honestidade diante de Deus, de si mesmo e diante do seu povo. Este, caminha coerente diante das possibilidades apresentadas, mesmo frente a grandes dificuldades. Busca unir-se ao seu povo como servo, como líder e verdadeiro pastor, criando lideranças pastorais. Não caminha sozinho e atua com habilidade e fidelidade no

---

225. MN 7.

226. PO 2.

227. PDV 73.

concernente à obediência a Cristo, à Igreja, ao Bispo, na unidade com os irmãos no presbitério, bem como os irmãos de comunidade, buscando o crescimento diário mediante uma formação estritamente permanente.

> Quando a tensão não é vivida de um modo equilibrado, podem ocorrer vários desequilíbrios na operacionalização do ministério apostólico; o mais clássico é o dos jovens padres e consagrados que, uma vez iniciado seu ministério, se deixam envolver de tal forma que acabam anulando todo e qualquer percurso formativo, espiritual e cultural que não seja "funcional" à ação apostólica. Na aparência, tais pessoas dão a impressão de se dedicarem totalmente aos trabalhos apostólicos; na realidade, no fim das contas, até o empenho colocado em tais trabalhos corre o risco da ambiguidade. De fato, quando um trabalho, mesmo sendo benemérito, é vivido de uma forma absorvente e equivocada, ou quando o próprio dom de si não é balanceado com as exigências da vida comunitária ou com outros compromissos e momentos da vida de um consagrado ou de um padre, sem qualquer disponibilidade a deixar-se formar, "em lugar de formar deforma, desfigura, esgota as forças. De qualquer modo, nunca é um lugar neutro: ou forma ou deforma"[228].

O indivíduo que tenta imitar o Cristo em seu ministério é fiel. Esta fidelidade mostra por que e para que foi chamado. No discernimento diário e na busca constante da união para com o Cristo e sua Igreja, exprime o amor aceitando "o cálice" oferecido. É servir com sinceridade, amar com disponibilidade.

> A alegria sacerdotal é uma alegria que tem como irmã a fidelidade. Não tanto no sentido de que seríamos todos "imaculados" [...], porque somos pecadores, mas sobretudo no sentido de uma sempre nova fidelidade à única Esposa, a Igreja. Aqui se encontra a chave da fecundidade. Os filhos espirituais que o Senhor dá a todo sacerdote – aqueles que foram por ele batizados, as famílias por ele abençoadas e as quais ajudou a caminhar, os doentes que sustém, os jovens com os quais partilha a catequese e a formação, os pobres que socorre... – são essa "Esposa" que ele tem a felicidade de tratar como predileta e única amada, e de ser-lhe sempre de novo fiel. É a Igreja viva, com nome e sobrenome, da qual o sacerdote toma conta em sua paróquia, ou na missão a ele confiada, é ela que lhe dá alegria quando ele lhe é fiel, quando faz tudo o que deve fazer e deixa tudo o que deve deixar

---

228. CENCINI, A. *O respiro da vida* – A graça da formação permanente, p. 35-36.

para permanecer junto às ovelhas que o Senhor lhe confiou: "Tome conta das minhas ovelhas" (Jo 21,16-17)[229].

Cada presbítero recebe por intermédio do Sacramento da Ordem no grau conveniente um dom do Espírito, preparando-lhe para a missão sem limites geográficos. Seria inconveniente e, por que não, arbitrariamente, comprimir a caridade pastoral a um determinado espaço físico, a uma realidade mais abastada economicamente, a uma cultura mais atualizada, e assim por diante. Ao invés de se lutar para que se tenha, assemelha ser pertinente reconhecer o já existente e oferecê-lo.

A missão presbiteral está intrinsicamente unida à de Cristo Cabeça e Bom Pastor, não admitindo nenhum tipo de restrição, espaço ou tempo. A graça sacerdotal coloca cada presbítero numa realidade particular; mesmo assim, todo ministro ordenado tem a responsabilidade de evangelizar o mundo inteiro.

> O dom espiritual que os presbíteros receberam na ordenação não os prepara para uma missão limitada e restrita, mas sim para a imensa e universal missão da salvação "até aos confins da terra" (At 1,8); de fato, todo o ministério sacerdotal participa da mesma amplitude universal da missão confiada por Cristo aos apóstolos[230].

Portanto, dentro desta realidade universal, viver a unidade comunitária em conformidade, transparência e honestidade, não é uma entre tantas opções para o presbítero, e sim a fidelidade que se propõe ao Sacramento da Ordem, pois a comunhão expressada pela vida presbiteral, oriunda da "comum sagrada ordenação e da comum missão"[231], é uma exigência dos carismas (caráter e graça sacramental) recebidos na ordenação.

Se o ministério se relaciona com todas essas características, não há como não as relacionar com a vida presente, com a prática cotidiana de cada presbítero. Nos tempos atuais, várias crises e problemas marcaram a vida e a realidade do ministro ordenado na Igreja. A precariedade na formação, a solidão movida por uma ansiedade possibilitando a depressão, o problema midiático relacionado à fama e ao mundo virtual, o uso indevido do dinheiro da comunidade, o imediatismo religioso, a valorização exagerada do devocional em relação ao espiritual, o carreirismo, os problemas relacionados a sexualidade má formada em todas as fases da vida do indivíduo, o individualismo, o retorno ao tradicionalismo radical,

---

229. FRANCISCO, PP. *Aos sacerdotes*, p. 45.

230. PO 10.

231. LG 28.

entre outras coisas. Tudo isso tem seu respaldo, sua importância social e eclesiástica nos tempos atuais.

Se há culpados nessa história toda, para este novo tempo em que se vive toda essa problemática, não se pode apontar com esta ou aquela certeza, pois, os fatores são muitos, mas a Igreja, dentro do contexto do Vaticano II, pretende direcionar corretamente respeitando a história construída até o presente momento; neste mesmo olhar, volta-se para o futuro focando na essencialidade da missão, compromissada com a evangelização dos povos e seus desafios.

> O acelerado avanço científico produz uma sociedade cada vez mais racional e técnica, gerando ceticismo nas verdades até então cridas, o que acarreta carência de respostas sobre o sentido da vida. Hoje, as pessoas continuam sentindo a necessidade de Deus, talvez, mais do que nunca, mas buscam-no nas mais diferentes formas, não mais nas religiões institucionais. Apesar do avanço tecnológico, a par de grandes e significativas descobertas, a sociedade não consegue resolver inquietações referentes ao eu que se relaciona consigo mesmo, com os outros, com a sociedade e com Deus. Surgem, assim, os mais variados problemas, tais como o *stress*, a depressão, o alcoolismo, entre tantos outros. Ao lado dessa ordem de dificuldades, situam-se os problemas econômicos e sociais, como os da poluição, da pobreza, da violência, das guerras, e, particularmente aqui no Brasil, da grande desigualdade social[232].

Nesse contexto todo está inserido o presbítero; não diferente do povo, ele está sujeito a viver, correndo o risco de se permitir conduzir por qualquer situação e muitas vezes sozinho, não consegue se livrar das amarras do todo oferecido pelo mundo, ainda mais quando se mostra aparentemente positivo.

> É importante ter presente que antes de alguém ser presbítero, é preciso ser cristão, e que o cristão é um ser humano. Por isso, sobre fundamentos humanos sólidos é que se pode edificar o verdadeiro presbítero, pois este precisa ter condições de colocar a totalidade de sua vida sob o dinamismo do Espírito. Para tanto, o presbítero precisa ser um homem afetivamente bem integrado[233].

Então, é necessário criar um sistema onde, com prudência e determinação, não se entrega a este ou aquele interesse, mas sim ao próprio Cristo que não é fonte de obsessão, e sim fonte de graça, de vida, de salvação, principalmente, para

---

232. HACKMANN, G.L.B.; VIAN, L.M. O lugar social do presbítero no Brasil, p. 20.

233. FERREIRA, S. A vida dos presbíteros nas dioceses do Brasil, p. 88.

o presbítero. Não existe sacerdócio sem Cristo. O perfeito na sua humanidade, na sua sexualidade, no todo que O envolve, e quis partilhar, de alguma forma, com seus discípulos. Exercer o ministério presbiteral é mergulhar no mistério do Cristo, que se fez homem e quis estar no meio do seu povo, pois, como líder e mestre chamou quem Ele quis para continuar sua missão abençoada por Deus, trabalhada em todos os contextos, conduzindo a humanidade toda a se realizar na perfeição.

> Cristo no Espírito inaugura uma nova humanidade. Mas é necessário para participar nela que cada homem fique incorporado ao Cristo, aceitando ser transformado por Ele. Em que consiste a vida deste "homem novo"? Em Rm 6,4-11, São Paulo responde afirmando que pelo batismo o cristão fica unido à morte de Jesus Cristo e participa da vida nova. Estar unido à morte de Jesus Cristo tem como objetivo segui-lo na vida nova inaugurada pela ressurreição. Esta união com a morte de Cristo leva consigo um determinado comportamento ético que se resume na luta contra o pecado e na abertura à vontade de Deus. [...] Sem a morte do "homem velho" não é possível viver a nova existência, própria do "homem novo"[234].

Este sistema que envolve a prudência e a determinação do presbítero está envolto por diversos aspectos contribuintes numa atitude decididamente ética. Os valores morais são colocados em prática e a vivência presbiteral, movida pela coerência, pelo discernimento, pela responsabilidade, auxilia na construção de uma mística própria, fortalecida por uma espiritualidade única, encontrando sentido na própria pessoa do presbítero. Este se torna "novo homem" quando, definitivamente consagrado, deixa o "velho homem" para trás. Prostrado, levanta-se para, assim ungido, seguir com a missão proposta por Cristo, desde o início do chamado. A partir dali, "em cada situação, a sua função é revelar Deus ao homem, como fim último da sua existência pessoal"[235].

3.5 Santidade presbiteral e formação integral

Algumas ferramentas, como visto, são essenciais na vida do presbítero. A vivência essencial dos múnus, que ajudam a conduzir o exercício correto e pretendido da vida presbiteral, promovem o equilíbrio na vida pessoal, espiritual e pastoral, juntos aos conselhos evangélicos, devem propiciar um crescimento de

---

234. RUBIO, A.G. *Unidade na pluralidade*, p. 205.

235. JOÃO PAULO II, PP. *Carta a todos os sacerdotes da Igreja por ocasião da Quinta-Feira Santa de 1996*, 7.

encontro à unidade, à caridade, à fraternidade, à solidariedade, contribuindo, fortemente, para uma verdadeira caridade pastoral. Tudo isto faz parte do exercício contínuo e eficaz de uma verdadeira espiritualidade não centrada num carisma específico, mas sim voltada para o Cristo e do Cristo para o próximo, ou seja, a espiritualidade assumida pelo jeito de amar do Cristo, que é simplesmente "servir".

> A formação para o dom generoso e gratuito de si mesmo, favorecido também pela forma comunitária normalmente assumida na preparação para o sacerdócio, representa uma condição irrecusável para quem é chamado a fazer-se epifania e transparência do Bom Pastor que dá a vida (Jo 10,11.15). [...] O presbítero é, portanto, o homem da caridade, e é chamado a educar os outros para a imitação de Cristo e para o Seu mandamento novo do amor fraterno (Jo 15,12). Mas isto implica que ele próprio se deixe continuamente educar pelo Espírito para a caridade de Cristo. Nesse sentido, a preparação para o sacerdócio não pode deixar de implicar uma séria formação para a caridade, particularmente para o amor preferencial pelos "pobres", nos quais a fé descobre a presença de Jesus (Mt 25,40), e para o amor misericordioso pelos pecadores[236].

Mesmo sabendo que a caridade pastoral faz parte da vida de todo presbítero, independente se está inserido em uma Igreja particular ou em uma congregação religiosa, tem-se o intuito, neste trabalho, de destacar uma vivência mais específica e concreta que é a vida do presbítero diocesano, exercendo a caridade pastoral junto ao seu bispo, ao seu presbitério, na comunhão com o seu povo. Essa espiritualidade específica deve ser vivenciada diariamente, alimentada pela oração, pela vida eucarística, fontes naturais da caridade pastoral.

A oração é parte da vida do presbítero, em especial do diocesano, pois efetivamente doa sua vida a Cristo e à Igreja. É colocar-se em relação direta a Cristo em um diálogo profundo e místico com o Senhor; é assumir junto à sua comunidade eclesial a verdadeira responsabilidade presbiteral concebida quando buscada e inspirada pelo próprio Cristo.

O ápice da vida de oração do presbítero é a celebração da Eucaristia. Nela o presbítero une à oferta eucarística de Cristo a sua oferta pessoal aceitando despojadamente, de modo tranquilo, os sacrifícios inerentes à vida presbiteral. Recebe a graça da caridade do Cristo Bom Pastor transformada em ação, força e zelo pastoral, reconhecendo, assim, a alma de seu ministério presbiteral[237].

---

236. PDV 49.

237. PDV 48.

Quão grande significado tem para nós este dia – o dia da Última Ceia! Somos ministros do mistério da redenção do mundo, ministros do Corpo que foi oferecido, e do Sangue que foi derramado para a remissão dos nossos pecados. Ministros daquele Sacrifício, mediante o qual Ele, o Único, entrou de uma vez para sempre no santuário "oferecendo-Se a Si próprio sem mancha a Deus, purifica a nossa consciência das obras mortas, para servir o Deus vivo" (Hb 9,14)[238].

É nesse interim, que se afirma o cultivo da vida espiritual do presbítero na sua força e sua graça alcançadas no esforço perseverante, na vida de oração, no oferecimento do Sacrifício vivo celebrado na Eucaristia. Desta maneira, intenta-se conceder razão de integração e ação pastoral, destacando na complementariedade da caridade pastoral à vivência de oração. Ambas, unidas, são força e princípio básico condutores da vida do presbítero; ou seja, para possuir na ação pastoral o mesmo objetivo e Espírito de Cristo, torna-se imprescindível uma profunda meditação e ascese que "penetrem cada vez mais intimamente no mistério de Cristo"[239] através da oração.

> Para esta pedagogia da santidade, há necessidade de um cristianismo que se destaque principalmente pela arte da oração. [...] Mas a oração, como bem sabemos, não se pode dar por suposta; é necessário aprender a rezar, voltando sempre de novo a conhecer esta arte dos próprios lábios do divino Mestre, como os primeiros discípulos: "Senhor, ensina-nos a orar" (Lc 11,1). Na oração, desenrola-se aquele diálogo com Jesus que faz de nós seus amigos íntimos: "Permanecei em Mim e Eu permanecerei em vós" (Jo 15,4). Esta reciprocidade constitui precisamente a substância, a alma da vida cristã, e é condição de toda a vida pastoral autêntica. Obra do Espírito Santo em nós, a oração abre-nos, por Cristo e em Cristo, à contemplação do rosto do Pai. Aprender esta lógica trinitária da oração cristã, vivendo-a plenamente sobretudo na liturgia, meta e fonte da vida eclesial, mas também na experiência pessoal, é o segredo de um cristianismo verdadeiramente vital, sem motivos para temer o futuro porque volta continuamente às fontes e aí se regenera[240].

Nesse sentido, o presbítero é realmente fiel à sua identidade de Bom Pastor, sendo contemplativo na ação. A oração e seu apostolado devem estar in-

---

238. JOÃO PAULO II, PP. *Carta a todos os sacerdotes da Igreja por Ocasião da Quinta-Feira Santa de 1993*, 1.

239. PO 14.

240. NMI 32.

tegrados de forma harmoniosa, não reduzida a uma prática meramente devocional, mas em união íntima com Deus realizando um diálogo, onde, mais do que uma oração, ele próprio, o presbítero, é e faz de sua ação pastoral uma bela oração. A caridade orante do presbítero transparece na capacidade de doar-se totalmente à Igreja:

> Um presbítero sem oração é um presbítero em perigo. [...] será que a oração é tão importante como para pôr em perigo a nossa própria vocação? "Sim", responderíamos. Esse perigo se baseia numa verdade muito simples: quando não nos encontramos diariamente com o nosso Amor, corremos o risco de esquecer-nos dele. E esquecendo-nos dele vai-nos faltando, pouco a pouco, a motivação para perseverar. Podemos perseverar durante um tempo por motivações humanas: o trabalho que estamos fazendo interessa-nos em si mesmo; a comunidade vai reconhecendo nossas iniciativas; o nosso prestígio vai crescendo... Essas motivações humanas estimulam-nos, mas chega um momento em que vão perdendo a sua força [...] ou trabalhamos por amor de Deus ou a nossa vocação perderá o sentido. E o amor de Deus se cultiva fundamentalmente na oração[241].

Somente diante de uma intimidade com Deus, verdadeiro "cuidado da casa comum"[242], é que o presbítero tem a capacidade de apresentar-Lhe os anseios e os problemas de sua comunidade. O fato de ser um "homem de Deus" revela a necessidade da comunidade não somente de alguém ordenado, mas de uma pessoa capaz de revelar os mais íntimos desejos e a vontade do Senhor, de "alguém que não cuide somente do que é seu, mas também do que é dos outros" (Fl 2,4).

A Igreja necessita de um homem que não se permita dispersar pelos problemas e fatos cotidianos, orando a partir da própria vida, consentindo suas ovelhas assimilarem o seu próprio jeito de ser, o seu cheiro, vivendo um constante diálogo com o Senhor, tornando-se disponível, de todas as formas, sempre disposto a realizar a solicitação de Deus, "sempre livre, mas servo de todos" (1Cor 9,19).

> Dentre as exigências desta espiritualidade nenhuma é superior nem mais necessária que a de uma profunda e permanente vida de fé. Por ela o sacerdote deve tornar clara a perfeita unidade de Cristo com o Pai "quem me vê, vê o Pai" (Jo 14,9); e poder testemunhar com São Paulo "sede meus imitadores, como eu sou de Cristo" (1Cor 11,1). O que importa, pois, antes de mais nada, é que o sacerdote seja homem de oração por antonomásia. Um

---

241. CIFUENTES, R.L. *Sacerdotes para o Terceiro Milênio*, p. 239.

242. LS subtítulo.

sacerdote, cuja vida não for testemunha deste espírito de fé, jamais poderá ser reconhecido como digno ministro de Cristo Senhor[243].

Contudo, se pode declarar que oração e comodismo não estão de acordo, pois, se há negligência na oração, há a facilidade de abandono dela. A oração transfigura-se no mecanismo do Espírito para a ação pastoral autêntica, guiando ao crescimento a comunidade de fé. Quando autêntica, torna-se instrumento eficaz assessorando o presbítero, não só na condução da vida de sua comunidade, mas, no crescimento vocacional proporcionado pelo exercício consciente da "caridade pastoral", estabelecendo a unidade com Deus, com o bispo ou superior, com o seu presbitério.

Viver a vocação é uma arte, mas esta arte deve estar relacionada à capacidade de se amar. Este amor se relaciona com a vida de oração e a prática da caridade pastoral. Responder ao chamado é ter consciência que Cristo chama, porém, não oprime nem violenta a liberdade do indivíduo, o qual responde ao chamado por amor. Sendo uma arte, é preciso dar passos, o primeiro deles é a busca de uma espiritualidade estimuladora de uma verdadeira humanização, onde a liberdade, diante do chamado, induza o indivíduo a descobrir o quanto é amado por Deus e será conduzido por ele um dia. Sem liberdade e amor não há seguimento, não há continuidade na missão. Sem amor não se cuida de nada, nem de si, nem de Deus, nem da comunidade, menos ainda da criação. Aquele que ama se sente responsável por tudo aquilo que Deus criou.

> O presbítero, à imagem do Bom Pastor, é chamado a ser homem de misericórdia e compaixão, próximo a seu povo e servidor de todos, particularmente dos que sofrem grandes necessidades. A caridade pastoral, fonte da espiritualidade sacerdotal, anima e unifica sua vida e ministério. Consciente de suas limitações, ele valoriza a pastoral orgânica e se insere com gosto em seu presbitério[244].

Ao se considerar valioso, o presbítero, centrado, encontrará estímulo em si e em seu potencial. Esse processo, verdadeiro e honesto, não permitirá fugas ou negação da responsabilidade sobre si, portanto, jamais o homem-presbítero fará do ministério presbiteral um disfarce na sua vida. Desta forma, ao sugerir uma espiritualidade, esta deve ser a "da Encarnação", pois toda a criação visível e invisível é fruto de um cumprimento real e verdadeiro da mediação visível da humanidade de Cristo, em toda criação. Assim, cuidar da criação faz parte da vida do ser hu-

---

243. DM 11,20.

244. DAP 198.

mano amoroso no servir a Cristo, que é amar toda criação de Deus, disposta ao homem para um verdadeiro cuidado.

Deus anuncia ao homem a sua Palavra geradora da vida, esta vida é conduzida pela escuta eficaz desta Palavra, talhando-o em alguém que também gera vida, a qual é conduzida pelo Espírito, o Sopro Divino pairando sobre toda a criação, onde Deus continua agindo pela obra de sua misericórdia na Igreja. Tudo se encaixa, nada pode faltar neste projeto. A relação se dá na vida e ela acontece em Deus, com tudo que Ele oferece. Não há outro caminho senão o cuidado, sendo a obra de Deus e missão daqueles a quem escolheu.

> A salvação, que Deus nos oferece, é obra da sua misericórdia. Não há ação humana, por melhor que seja, que nos faça merecer tão grande dom. Por pura graça, Deus nos atrai para nos unir a Si. Envia seu Espírito aos nossos corações, para nos fazer seus filhos, para nos transformar e tornar capazes de responder com a nossa vida ao seu amor. A Igreja é enviada por Jesus Cristo como sacramento da salvação oferecida por Deus[245].

Quão grande missão tem o presbítero diante de tamanho chamado. É missão também do presbítero cuidar desta "casa comum", essencialmente uma missão eminentemente sagrada, "sacerdócio de culto e sacerdócio missionário". Ministério exercido diante do altar do templo e diante do altar do mundo. Sacrifício plenamente realizado, demonstração de respeito por tudo aquilo que Deus fez, faz e fará.

> Esta responsabilidade perante uma terra que é de Deus implica que o ser humano, dotado de inteligência, respeite as leis da natureza e os delicados equilíbrios entre os seres deste mundo, porque "Ele deu uma ordem e tudo foi criado; Ele fixou tudo pelos séculos sem fim e estabeleceu leis das quais não se pode fugir!" (Sl 148,5b-6). Consequentemente, a legislação bíblica detém-se a propor ao ser humano várias normas relativas não só às outras pessoas, mas também aos restantes seres vivos: "Se vires o jumento do teu irmão ou o seu boi caídos no caminho, não te desvies deles, mas ajuda-os a levantarem-se. [...] Se encontrares no caminho, em cima de uma árvore ou no chão, um ninho de pássaros com filhotes, ou ovos cobertos pela mãe, não apanharás a mãe com a ninhada" (Dt 22,4.6). Nesta linha, o descanso do sétimo dia não é proposto só para o ser humano, mas "para que descansem o teu boi e o teu jumento" (Ex 23,12). Assim nos damos conta de que

---

245. EG 112.

a Bíblia não dá lugar a um antropocentrismo despótico, que se desinteressa das outras criaturas[246].

O contato com a criação complementa o presbítero, um homem munido da graça, em participar de todas as dimensões condizentes ao que Deus fez, concebendo tudo o que criou. É vida plena nas mãos de Deus, entregue na sua plenitude nas mãos do homem. Se o cuidado é de tudo, achar que o período formativo já preencheu todo o conhecimento sobre Deus e sua obra, passa a ser um grande engano. Desta maneira, não é possível considerar somente o período instrutivo precedente à formação como constitutivo desse conhecimento, há muito a aprender. Embora haja algo conectando – de modo intrínseco, a formação permanente à formação inicial, enquanto contínuo processo a ser percorrido, desde o discernimento vocacional até a plena maturação da personalidade presbiteral –, ambas são composições distintas, pois a formação permanente não é mera repetição da formação inicial.

> A formação permanente extraordinária deve ser concebida e programada como operação de elevado valor espiritual, que requer notável capacidade de discernimento, de leitura dos sinais dos tempos, de sabedoria em captar os gemidos do Espírito, de sadio realismo em reconhecer os problemas como reservas positivas sobre as quais trabalhar. Mas, ao mesmo tempo, deve ser também o mais possível concreta e explícita, pontual e realista. [...] Onde se pratica autêntica formação permanente desse tipo o indivíduo nunca se sente sozinho para enfrentar as situações às vezes tão complexas da vida ou da pastoral. Poderíamos talvez afirmar que, como o acompanhamento espiritual fornece uma direção à vida de cada um dos crentes, assim uma formação permanente levada adiante na comunidade ampliada de uma diocese ou instituto imprime uma direção à vida de todos[247].

Desta forma, o núcleo fundamental da formação permanente está justamente no empenho sistemático do presbítero em manter viva a "graça da caridade pastoral", o dom de Deus recebido no dia marcado para a toda a vida do presbítero, ou seja, a ordenação presbiteral. Em outras palavras, podemos afirmar que a formação permanente ajuda sobremaneira o ministro ordenado a se manter aberto e disponível à ação transformadora do Espírito Santo, para incessantemente ser plasmado à imagem de Cristo Bom Pastor. Hoje, não existe profissão, compromisso ou trabalho que não exija uma contínua atualização, se quiser ser credível e

---

246. LS 68.

247. CENCINI, A. *Formação permanente – Acreditamos realmente?*, p. 110.

eficaz. Isto justifica a formação permanente, cuja alma e configuração se encontra na caridade pastoral.

> O Espírito Santo, que infunde a caridade pastoral, introduz e acompanha-o no conhecimento sempre mais profundo do mistério de Cristo, que é insondável na sua riqueza (cf. Ef 3,14-19), e, por conseguinte, no conhecimento do mistério do sacerdócio cristão. A mesma caridade pastoral impele o presbítero a conhecer cada vez mais as esperanças, as necessidades, os problemas, as sensibilidades dos destinatários do seu ministério: destinatários envolvidos nas suas concretas situações pessoais, familiares e sociais. [...] A tudo isto tende a formação permanente, vista como consciente e livre-proposta em ordem ao dinamismo da caridade pastoral e do Espírito Santo, que é a sua primeira fonte e alimento contínuo[248].

A identidade presbiteral, portanto, recorre a tudo que vem de Deus. Reconhecendo esta realidade, o presbítero se torna alguém aberto ao seu redor, mas não há como conceber um sacerdócio coerente à caridade pastoral sem que o indivíduo tenha consciência de si mesmo e do caminho real desejado a percorrer. Ele está inserido na realidade familiar, eclesial, vocacional, universal, onde o cuidado supõe o "todo" para que todos sobrevivam. Ele está inserido no direito de ser feliz e realizado no jeito correto de agir.

> No mundo secularizado o testemunho do presbítero transformou-se num elemento essencial da tarefa evangelizadora. Num mundo cansado de palavras, abarrotado de ofertas de todos os tipos da ordem da procura da felicidade, o Evangelho se torna mais palpável pelo testemunhar daqueles que anunciam que dá sentido à sua vida, afetando de cheio o presbítero: "Sem querer reeditar com isso atitudes neodonatistas, talvez poucas vezes como hoje a credibilidade do sacerdote dependa tanto da qualidade de sua vida batismal"[249].

Homem consagrado, ungido pelo Espírito Santo, para realizar em si e nos fiéis o mistério pascal de Cristo, este homem é o presbítero. Ele é, antes de tudo, participante do "sacerdócio pastoral de Cristo". Como tal, encontra no mistério de Cristo Bom Pastor o fundamento de sua vida espiritual, identificando-se com Ele, resumindo, assim, sua identidade, sua razão de ser. Pela ordenação presbiteral, o ministro participa do sacerdócio pastoral de Cristo em sua tríplice dimensão: profética, cultual-sacrifical e real. Por isso, a espiritualidade do presbítero deve

---

248. PDV 70.

249. NORIEGA, R. *Ministério Sacerdotal* – A responsabilidade ética na arte de servir, p. 135.

nortear-se, também, pelo mesmo princípio interior unificante a todo o ministério sacerdotal de Cristo; isto é, deve nortear-se pela caridade pastoral: virtude com a qual cada presbítero imita a Cristo, na sua doação total, no seu serviço à Igreja, no cuidado da criação.

> O universo desenvolve-se em Deus, que o preenche completamente. E, portanto, há um mistério a contemplar numa folha, numa vereda, no orvalho, no rosto do pobre. O ideal não é só passar da exterioridade à interioridade para descobrir a ação de Deus na alma, mas também chegar a encontrá-Lo em todas as coisas, como ensinava São Boaventura: "A contemplação é tanto mais elevada quanto mais o homem sente em si mesmo o efeito da graça divina ou quanto mais sabe reconhecer Deus nas outras criaturas"[250].

O conteúdo central da caridade pastoral é o total dom de si a Cristo e à Igreja. Esse núcleo central é o elemento capaz de unificar e dar sentido às múltiplas atividades de um presbítero, tornando-o verdadeiramente um contemplativo na ação: alguém que sabe conjugar com perfeita harmonia oração e ação. Em outras palavras, a caridade pastoral, enquanto fio condutor, permeia toda a pessoa do presbítero, levando-o a identificar-se com Cristo Bom Pastor em sua missão no mundo: "Eu sou o bom pastor, o bom pastor dá a vida pelas suas ovelhas" (Jo 10,11).

Dessa maneira, o ser, o estilo de vida e a missão do presbítero são participações peculiares ao ser, ao estilo de vida e à missão de Cristo Bom Pastor. Isto significa que os presbíteros, pela unção do Espírito Santo, pela imposição das mãos, são marcados e configurados a um caráter especial, constituindo-os em sacramento de Cristo Pastor e Cabeça da Igreja no movimento único de caridade para Deus, para o próximo e toda a criação.

Esta caridade pastoral leva o presbítero a conceber o que hoje se pode chamar de "diocesaneidade", gerando pertença, movendo o presbítero a se sentir um com o todo, com a Igreja, em especial a Igreja Particular onde participa, realiza sua missão, exerce esta verdadeira caridade pastoral.

> A diocesaneidade corresponde à pertença e ao amor que o presbítero diocesano tem e manifesta para com a sua diocese; ao respeito e carinho que tem para com seu bispo diocesano; ao compromisso com a fraternidade para com os membros do presbitério e ao amor incondicional ao povo da comunidade paroquial, à qual foi destinado ou ainda a outros serviços, como for-

---

250. LS 233.

madores nos seminários, capelães, administradores curiais, coordenadores de pastoral, professores etc.[251].

São muitos os caminhos para a realização presbiteral: a honestidade, a fidelidade, a obediência consciente, o despojamento tranquilo e correto das coisas materiais, o saber conviver em comunidade, em especial no presbitério, o desejo sereno de continuar se formando para um amadurecimento presbiteral sem fama ou poder etc. Porém, tudo depende unicamente da pessoa do presbítero que, continuamente, busca compor a sua vida em conformidade à vida de Cristo. Traçando um caminho com destino certo, encontrará a felicidade e realização no ministério.

> Quando já vivemos algum tempo, as paredes da nossa vida ficam marcadas por vários eventos – do mundo, da família, pessoais – assim como por nossas respostas a eles. Essas marcas falam sua própria língua e, muitas vezes, levam a um diálogo, às vezes limitado ao coração, mas ocasionalmente expresso em palavras e gestos. Nessas situações que entramos em contato uns com os outros e que pais, filhos, professores, alunos, médicos, pacientes e todas as pessoas se encontram em seu caminho pela vida e começam a falar uns com os outros e a descobrir uns aos outros como parte de uma comunidade maior com um destino comum[252].

---

251. CARVALHO, H.R.; PEREIRA, E.; COSTA, E. *Diocesaneidade, esponsabilidade e incardinação*, p. 15.

252. NOUWEN, H.J.M. *Crescer – Os três movimentos da vida espiritual*, p. 95.

Conclusão

> Cuide bem dessas coisas e dedique-se a elas, para que seu progresso seja visível a todos. Vigie sobre si mesmo e sobre a doutrina. Persevere nessas coisas, porque, fazendo assim, você salvará a si mesmo e a seus ouvintes (1Tm 4,15-16).

Este trabalho buscou desenvolver uma abordagem de temas relacionados à identidade presbiteral à luz do Vaticano II até a atualidade sob o prisma da ética do cuidado. A identidade presbiteral torna-se o principal ponto a ser desenvolvido, pois ela está diretamente relacionada com o advento do chamado, ressaltando que os presbíteros devem estar preparados para enfrentar, de todas as formas, as diversas possibilidades, bem como as dificuldades impostas pela vida presbiteral quando a sua disposição for a mesma de Cristo, a de servir ao próximo, sem olhar a quem, nem o tempo, nem o lugar, mas simplesmente servir e amar; na firme certeza da semente lançada à terra e a produção dos frutos (Mc 4,26-29). Esses frutos virão e serão oferecidos; entretanto, só serão verdadeiros alimentos se realmente fizerem parte de todo este contexto, trabalhado e vivido por cada presbítero, procurando estabelecer sua vida presbiteral centrada em uma verdadeira caridade pastoral.

Esta caridade pastoral vai sendo fortalecida através do tempo de formação e tem como objetivo mostrar que este tempo, mesmo ordinário ou extraordinário, jamais será um mal necessário na vida daquele que deseja ser e daquele que já é um presbítero.

Ser presbítero é estar munido de uma graça única que liga o céu e a terra; uma graça estabelecida por uma relação íntima entre uma pessoa e Deus, um chamado que só tem sentido se houver continuidade porque deve ser presença, presença de Deus na vida da pessoa que é chamada, presença de Deus na vida da Igreja onde o presbítero deve exercer sua missão.

O presbítero está plantado entre a terra e o céu, entre o sagrado e o profano, entre o homem e a Igreja, entre o mundo e Deus. Ele deve, por sua ordenação presbiteral, prolongar e atualizar, no meio dos homens, seus semelhantes, o sacerdócio de Cristo. O grande desafio apresentado é como tornar sua função presbiteral verdadeiramente ministerial na sociedade moderna e atual, trazendo as suas adversidades sem negar as verdadeiras necessidades, principalmente em relação ao enfrentamento no que concerne ao mundo digital, o qual não entrou só nos lares, mas em todas as esferas da Igreja. Há aqui a necessidade de confronto, pois "a vida ética do presbítero não pode isolar-se de outras perspectivas que envolvem o ministério ordenado"[253]. Isto se pode encontrar relatado em dezenas de documentos eclesiais relativos ao ministério presbiteral e à sua formação. A Igreja se preocupa, não se eximindo desta responsabilidade.

A vocação é um tema sensível, principalmente, em relação referente à identidade presbiteral. Toda vocação "comum", entendida no sentido amplo e não no sentido religioso do termo, é o encontro entre atitudes pessoais (o que uma pessoa é, para quais habilidades específicas ela se sente adequada) e o contexto social (o que o meio ambiente e o mercado podem ofertar como meio de trabalho). Porém, a vocação presbiteral é ordinária como encontro de disposições do ser humano e da sociedade, além disso, um apelo especial nascente do encontro pessoal com Deus.

A identidade presbiteral surge da configuração de um sistema significativo em vários aspectos cruciais, tanto interno como externo. Em uma análise figurativa a partir dos processos de nominalização e do conteúdo semântico dos termos "clérigo", "padre" e "pároco", "vigário", "superior provincial", "bispo", conclui-se que falar destes atores discursivos implica relações espaçotemporais, com efeitos de identidade diferenciados, mas que não exime ninguém do correto comportamento ético/moral e muito menos fugir do verdadeiro sentido da caridade pastoral.

Essa ideia é sustentada pela referência implícita/explícita ao Sacramento da Ordem, símbolo sacramental, determinante na entrada do candidato à condição de clero. No passado, este momento era marcado pelo recebimento da tonsura, o início do uso do hábito. Utilizando-se da semiótica, tinha sua importância e relativa necessidade. Assim, o Sacramento da Ordem indicava o início de um processo e uma aquisição ascendente de traços e marcas que ajudavam, de certa forma, a definir a identidade do indivíduo, até atingir a tão desejada Ordenação Presbiteral.

A figura dos ministros ordenados contém uma mistura de elementos vocacional-profissional, tornando-os próprios em sua secularidade e exigência que,

---

253. NORIEGA, R. *Ministério Sacerdotal* – A responsabilidade ética na arte de servir, p. 20.

mediante "o Sacramento da Ordem por divina instituição, [...], pelo caráter inde-lével assinalados, [...] são destinados a servir, segundo o grau de cada um, com título novo e peculiar, o Povo de Deus"[254]. Da mesma forma, a preocupação dos profissionais em cumprir as leis morais inerentes ao seu dever – atendendo às expectativas éticas de sua ordem, grupo, instituição – pode ser compartilhada pelos presbíteros dentro desta realidade peculiar que, agora, é parte de suas vidas: o Sacramento da Ordem.

A vida em sociedade pode ser útil para iluminar a realidade do ministério ordenado a novas perspectivas. Os presbíteros, como outras pessoas em exercício de suas profissões, por exemplo, médicos ou professores, deveriam preocupar-se com que seus "clientes", seus fiéis, recebam deles o imprescindível, de acordo com suas necessidades e aspirações. No entanto, as motivações e atitudes exigidas pela ética profissional não podem ser aplicadas, sem mais, à vida e ao ministério pres-biteral. No ministério ordenado, as motivações teológico-vocacionais para seguir Jesus de Nazaré não se encaixam perfeitamente, pois é uma vocação e este chama-do tem certas exigências próprias inerentes, existentes somente para os que irão exercer tal sacramento.

A vida presbiteral exige um esforço contínuo. Começando pela vida de ora-ção, o presbítero se une à sua comunidade na firme esperança de estar realmente fazendo o Reino de Deus acontecer. Esta esperança lança um olhar para o futuro e constrói dignidade, e pelo exercício da verdadeira justiça faz Deus acontecer na vida do seu povo. Faz do Reino um dom gratuito onde a beleza divina torna-se natural, "mais do que aquilo que merecemos, tal como o ser amados nunca é algo 'merecido', mas um dom"[255]. Uma beleza que gera fidelidade e constrói integral-mente a pessoa do presbítero e permite determinar a sua verdadeira identidade.

A respeito da fidelidade sacramental intrinsicamente ligada à integridade do presbítero, pode-se entender os sacramentos como atos salvadores, "manifes-tações de vida da Igreja"[256], porque são atos que socorrem o homem em situações concretas, enchendo-o da força do amor, fruto da Morte e Ressurreição de Cris-to. Eles fazem parte da vida humana em seus pontos mais significativos: no seu nascimento através do Batismo, no seu crescimento pela Confirmação, nas feri-das do pecado por intermédio da Reconciliação, na alimentação pela Eucaristia, na formação do lar pelo Matrimônio, na consagração ao serviço da comunidade através da Ordem Sacerdotal e na doença pela Unção dos Enfermos. Também

---

254. CIC 1008.

255. BENTO XVI, PP. *Carta Encíclica* Spe Salvi *Sobre a esperança cristã*, 35.

256. NOCKE, F.J. *Doutrina Geral dos Sacramentos* – Manual de Dogmática v. 2, p. 171.

são considerados atos salvadores de Cristo porque Ele é o verdadeiro autor e o valor do sacramento. É Cristo quem batiza, perdoa os pecados ou comunica o Espírito Santo. Receber um sacramento é encontrar-se pessoalmente com Cristo Salvador. Adicionalmente são atos dados à Igreja por Cristo, para serem, através dela, comunicados e administrados aos homens. Portanto, o sacramento deve ser administrado de acordo com o que é estabelecido pela Igreja, de acordo com seus propósitos, pelos responsáveis diretos a quem Cristo deu a missão e a condução da Igreja. Agir corretamente é estar ciente da responsabilidade do Sacramento da Ordem, depositada na vida e na história do indivíduo chamado para exercer tal sacramento, exercendo os outros sacramentos, a fim de que sejam apreendidos, vividos pelo povo de Deus.

Tudo isso é posto em prática dentro de uma comunidade, uma "Igreja Particular", lugar onde o Povo de Deus caminha vivendo com todos os seus anseios e dificuldades. Conforme demonstrado, a paróquia ou uma comunidade religiosa é uma determinada comunidade de fiéis constituída estavelmente na Igreja, e seu cuidado pastoral é confiado a um pastor, a um padre, a um superior hierárquico sob a autoridade do bispo diocesano ou superior. Trata-se de uma estrutura bastante antiga, mas, ao longo do tempo, procurou responder às múltiplas mudanças pelas quais passou a sociedade. Recentemente tem sido desafiada pelas novas realidades pastorais e burocráticas do presente, sabendo que naquele lugar, independente do tempo e da história, haverá sempre a necessidade consciente do agir na pessoa de Cristo.

No tocante à relação entre mistagogia e ministério, na comunidade o contato se dá, em especial, por meio da liturgia, pois cada palavra, cada gesto, cada movimento contém o mistério, motivando a pessoa a mergulhar nele, no mistério de Deus, da vida, da história, no humano. A liturgia é o momento adequado para entrar em contato com o mistério salvador de Deus, o Cristo, chamado a transformar a vida, missão dada a cada presbítero para transformar todo o ser do seu semelhante, pessoa criada e amada por Deus. Assim, pode-se afirmar que a liturgia é mistagógica. Nesta mistagogia encontra-se alguém com o dever de vivê-la na sua plenitude, através de uma consciência reta de pessoa amada e chamada por Deus, esta pessoa é o presbítero.

Para o método mistagógico não basta ter um conhecimento intelectual cristológico, nem tampouco assumir propostas de conduta moral do cristianismo. Além disso, a liturgia deve ser entendida como ápice e fonte da ação da Igreja. Não é somente uma sucessão de ritos formatados, colados entre si, não transparecendo no todo o evento fundador, mas sim uma celebração memorial de Cristo, morto e ressuscitado, pois na ação ritual se expressa o mistério pascal do Senhor Jesus

Cristo. Momento oportuno de configuração total a Ele. Um instrumento que concretiza, dentro do mistério da Salvação, a atualização de tudo realizado e deixado como missão para seu exemplo ser perpetuado: "dei-vos o exemplo para que vós façais o mesmo que eu fiz" (Jo 13,15).

Viver a liturgia é permitir essa mistagogia transformar-se em realização no ministério, é perceber que a alegria e a esperança, a tristeza e a angústia dos homens do nosso tempo, especialmente dos pobres e de todos os aflitos, são também os sentimentos dos discípulos de Cristo, não havendo algo verdadeiramente humano que não tenha ressonância em seu coração, por isso, é necessário cuidar, cuidar da vida, da saúde, das amizades, da "casa comum", da convivência fraterna, da solidariedade, do verdadeiro sentido da caridade pastoral. Trata-se de ser obediente em todos os aspectos, despojar-se de si, viver a pobreza de Cristo na riqueza de servir, ciente da necessidade do pleno amor ao amado, singular e total, sinal de fidelidade a uma única esposa, a Igreja.

Junto à sua "esposa" e, de certa forma, num desligar-se do mundo, o presbítero vai se revelando e, humildemente, se coloca à disposição para ser presença de Deus onde quer que esteja. É servir a Deus com humildade para que o amor chegue de forma plena no coração das pessoas. Não há outro caminho a percorrer senão este. Não há outra forma de ser presença de Deus na vida do povo se este amor não foi alimentado e nem fortalecido desde o primeiro momento do chamado. É aprender a amar para que outros aprendam que, amar é princípio básico de convivência e de compaixão, de unidade e de fidelidade a Deus e que podem ser claramente reconhecidos numa comunidade viva que revela, no seu jeito de agir, o que é próprio do seu pastor. Amar é "o fundamento da santidade, necessária para o presbítero em virtude de seu ofício ministerial"[257]. O presbítero que entende esta dinâmica não corre riscos. Sofre, carrega sua cruz, mas sabe de onde veio e aonde quer chegar.

Não há especificamente uma receita para sanar o perigo do ativismo, ou de o presbítero simplesmente se tornar um cumpridor de tarefas no exercício de seu ministério. Com certeza, a espiritualidade e a formação permanente são caminhos. Sendo caminhos, o presbítero precisa descobrir os meios pelos quais proporcionará a si o devido tempo, interesse e amor para explorar sua dedicação ao cultivo da paz, em sua interioridade. É buscar a Deus no dia a dia e o caminho é um só: formar-se e consentir ser formado, realizar-se na missão e ser feliz no ofício de sua vocação, sem buscar outros meios para satisfazer uma vontade, que não deve ser outra, senão um amor pleno pelo "Amado" (Ct 3,1).

---

257. NORIEGA, R. *Ministério Sacerdotal* – A responsabilidade ética na arte de servir, p. 103.

Deus conhece quem Ele chama e, na fecundidade que gera vida, o homem se sente chamado por Deus, também se vê na necessidade de ser um profundo conhecedor daquele que o chamou. Conhecendo se conhece e com o impulso do desejo de chegar ao que se pretende ser vai sentindo a necessidade de vencer os medos e adquire resistência para que não haja, de nenhuma forma, aquilo que "o coloca precisamente em fuga de Deus e luta com ele"[258].

É importante o presbítero (re)descobrir o valor da formação e da espiritualidade. Não se pode negligenciar esse valor, pois todo ser humano necessita de um contato com a Transcendência, com mais conhecimento; no caso em questão, na vida presbiteral, sempre haverá necessidade da busca e dedicação à espiritualidade, bem como à formação na tentativa de encontrar consigo mesmo, de fazer com que o ministério corresponda ao anseio da Igreja em prestar um serviço de escuta e de orientação às pessoas. Assim, o presbítero procura escutar a si mesmo em uma séria interioridade, construindo dentro de si uma verdadeira consciência da caridade pastoral.

O ser humano, nesse sentido, é um ser incondicional capaz de resistir às condições do meio em que vive, de atingir a liberdade do espírito, ou seja, ter uma postura aberta e transcendente diante de toda a forma de condicionamentos, ainda permanecendo livre e responsável. Ele possui uma "liberdade para", pois não só faz perguntas, mas responde. Esta seria verdadeira atitude diante da vida.

Todo o sentido do existir humano ganha significado no plano da consciência. Ela é a "guia da liberdade", porque torna o ser humano capaz de interpretar a exigência para cada situação de sua vida, sabendo conviver e cuidar de tudo o que o cerca.

> É necessário voltar a sentir que precisamos uns dos outros, que temos uma responsabilidade para com os outros e o mundo, que vale a pena sermos bons e honestos. Vivemos já muito tempo na degradação moral, furtando-nos à ética, à bondade, à fé, à honestidade; chegou o momento de reconhecer que essa alegre superficialidade de pouco nos serviu. Uma tal destruição de todo o fundamento da vida social acaba por colocar-nos uns contra os outros na defesa dos próprios interesses, provoca o despertar de novas formas de violência e crueldade e impede o desenvolvimento de uma verdadeira cultura do cuidado do meio ambiente[259].

---

258. CENCINI, A. *Construir cultura vocacional*, p. 33.

259. FRANCISCO, PP. *Carta Encíclica* Laudato Si' *Sobre o cuidado da casa comum*, 229.

A vida de cada ministro ordenado está centrada no verdadeiro valor dispensado à caridade pastoral em sua vida. É imprescindível formar e continuar se formando diante desta realidade. Perante uma formação amadurecida, desde o início a uma contínua formação durante toda a vida presbiteral, o ministro ordenado busca se assemelhar cada vez mais a Cristo, sendo capaz de tornar-se para a sua comunidade uma imagem viva da Boa-nova da Salvação, ou seja, realizará no concreto da história o que já consiste no plano ontológico: Cristo Cabeça e Pastor. Constituirá, realmente, num instrumento vivo de Cristo Sacerdote.

Posfácio

A busca da identidade pessoal, comunitária e corporativa, representa quase uma marca deste novo século. Novos tempos, nova era, época de mudança, uma pandemia para afetar a vida de todos, o ministério do Papa Francisco e o desejo de fazer o mestrado em teologia; esses foram alguns dos desafios enfrentados pelo Padre Eanes na composição de seu livro *Ser presbítero católico: estudo sobre a identidade*. Sendo fruto de um programa institucional de pós-graduação *stricto sensu* – MINTER – entre a PUC-Rio e a Unifacc – União das Faculdades Católicas do Mato Grosso –, Padre Eanes bebe de diversas fontes para nos trazer uma bela síntese do perfil do presbítero católico. Não apenas como um quadro definido e estruturado, mas como uma proposta para se viver bem a própria vocação em tempos de grandes desafios.

Qualquer caminho de renovação e aprofundamento da missão da Igreja passa pelo fortalecimento da pessoa e da vocação do presbítero em suas inspirações pessoais, comunitárias e institucionais. Fortalecer o presbítero não significa ceder à tentação do clericalismo ou dos diversos tipos de fundamentalismos tão presentes em nossos dias. O ministério presbiteral foi duramente afetado pelo "aggiornamento" promovido pelo Concílio Vaticano II e houve momentos em que perdeu-se a necessária prudência, o equilíbrio entre a prática pastoral e o ativismo desenfreado, e a consciência de se viver na graça de uma vocação ministerial a serviço de todo o povo de Deus.

Pe. Eanes costura uma bela síntese da identidade presbiteral através dos documentos do Vaticano II, de uma ética do cuidado e da iluminação do conceito de caridade pastoral – marca indelével da própria experiência de vida do autor. O livro ganha assim uma grande atualidade e vitalidade porque relê a situação enfrentada pelos presbíteros não como um objeto a ser estudado num laboratório, mas com a fecunda prática pessoal, pastoral, espiritual e humana. Ele nasceu no estado de São Paulo, formado engenheiro agrônomo em 1994. Inicia o caminho vocacional em 96, 97, o propedêutico e, no ano seguinte, já está cursando Filosofia no instituto Santa Teresinha em São José dos Campos. O bacharelado em Teologia ele fez no Instituto Sagrado Coração de Jesus em Taubaté com os Dehonianos. Possui ainda duas pós-graduações *lato sensu*: especialização em Teologia Pastoral e em Casas de Formação e Seminário. Posteriormente, sente-se chamado para uma experiência missionária em Mato Grosso onde é ordenado primeiro presbítero para a então Prelazia de Paranatinga. Logo vê-se responsável por paróquias inundadas em crises, conflitos, mas também cheias de oportunidades para o exercício de uma liderança a serviço da comunhão. Seu trabalho se mostra no criar consenso e união, compondo um ministério a serviço da comunidade eclesial. Nesses últimos tempos está servindo o Regional Oeste 2 da CNBB como presbítero da Diocese de Primavera do Leste e Paranatinga, e como professor da Unifacc nas disciplinas de Teologia Pastoral e dos Sacramentos.

Pe. Eanes aprendeu a compor sínteses entre contrários, a costurar sentido na vida real. O livro representa mais do que a conclusão do mestrado em Teologia Sistemática Pastoral, ele expressa sua própria caminhada e se descobre nas suas páginas o mesmo Espírito forjando comunhão. Não somente os presbíteros ganham com a leitura deste livro. O povo de Deus encontra neste a inspiração para viver sua vocação de modo fecundo na construção da comunhão tão querida por Deus. Quanto mais nos conhecermos, melhor serviremos uma igreja toda ministerial em caminhada sinodal.

Ser presbítero hoje significa encarnar o rosto da caridade pastoral, a ter consciência de sua própria vocação humano-divina, a viver com sentido no esvaziamento e na fecundidade de uma vida doada. Não é alguém que se esquece do cuidado de si, mas o realiza, amando a todos com aquela caridade pastoral que Cristo nos ensina. Que a leitura deste livro inspire muitos a percorrer esses mesmos caminhos.

Pe. Dr. Carlos S. Viana
Coordenador do Curso de Filosofia e Teologia da Unifacc SEDAC

Referências bibliográficas

ALMEIDA, M.A. O *método mistagógico aplicado à formação litúrgico-musical*: do normativo ao científico. Disponível em: < https://antigo.anppom.com.br/anais/anaiscongresso_anppom_2007/poster_musicologia/poster_musicol_MAAlmeida_DKerr.pdf=> Acesso em: 14 mai. 2021.

AMBRÓSIO DE MILÃO. *Explicação dos Símbolos – Sobre os Sacramentos – Sobre os Mistérios – Sobre a Penitência*. Patrística. São Paulo: Paulus, 2014

BENTO XVI, PP. *Audiência Geral*. 26 mai. 2010. Disponível em: < https://www.vatican.va/content/benedict-xvi/pt/audiences/2010/documents/hf_ben-xvi_aud_20100526.html=> Acesso em: 14 de maio de 2021.

BENTO XVI, PP. *Carta Encíclica* Spe Salvi. Sobre a Esperança Cristã. Disponível em: <https://www.vatican.va/content/benedict-xvi/pt/encyclicals/documents/hf_ben-xvi_enc_20071130_spe-salvi.html > Acesso em: 30 de julho de 2021.

BENELLI, S.J. Perfil do presbítero católico. Perspectivas divergentes. *Revista Eclesiástica Brasileira*, v. 70 (279), 580-601. Disponível em: <https://doi.org/10.29386/reb.v70i279.1135 => Acesso em: 26 de maio de 2021.

BINGEMER, M.C.L. Francisco de Assis e Simone Weil: humanismo cristão e mística da pobreza. *Revista Eclesiástica Brasileira*, v. 75 (297), 105-130. Disponível em: <https://doi.org/10.29386/reb.v75i297.371 => Acesso em: 16 de jun. de 2021.

BORDONI, M. *O presbítero, identidade e missão* – Reflexões teológicas à margem da recente Instrução da Congregação para o Clero. Disponível em: <http://www.clerus.org/clerus/dati/2009-11/12-13/bordoni_pt.html => Acesso em: 19 de maio de 2021.

BRUSTOLIN, L.A. ; FONTANA, L.L.B. A existência humana como resposta: a antropologia cristã à luz da compreensão bíblica do ser humano. *Estudos Teológicos*. v. 58, n. , p. 134-147, 2018. Disponível em: < http://periodicos.est.edu.br/index.php/estudos_teologicos/issue/view/309 => Acesso em: 14 de abr.de 2021.

CAMPOS, L. *A dor invisível dos presbíteros*. Petrópolis: Vozes, 2018.

CARVALHO, H.R; PEREIRA, E. ; COSTA, E. *Diocesaneidade*, esponsabilidade e incardinação. São Paulo: Paulus, 2020.

CASTRO, V.J. *A identidade do sacerdote midiático no ciberespaço*. São Paulo, 2016. 237p. Tese. Faculdade de Teologia, Pontifícia Universidade Católica de São Paulo. Disponível em: <https://repositorio.pucsp.br/jspui/handle/handle/19172 => Acesso em: 04 de maio de 2021.

CATECISMO DA IGREJA CATÓLICA. São Paulo: Paulinas: Loyola, 2000.

CELAM. *Documento de Aparecida.* São Paulo: Paulus, 2007.

CELAM. *Conclusões das Conferências do Rio de Janeiro, de Medellin, Puebla e Santo Domingo.* São Paulo: Paulus, 2004.

CENCINI, A. *Abraçar o futuro com esperança* – O amanhã da vida consagrada. São Paulo: Paulinas, 2019.

CENCINI, A. *A hora de Deus* – A crise na vida cristã. São Paulo: Paulus, 2011.

CENCINI, A. *Construir cultura vocacional.* São Paulo: Paulinas, 2013.

CENCINI, A. *Formação Permanente* – Acreditamos realmente? São Paulo: Paulus, 2012.

CENCINI, A. *Virgindade e celibato hoje.* Para uma sexualidade pascal. São Paulo: Paulinas, 2012.

CENCINI, A. *Integração comunitária do bem e do mal.* "... como óleo perfumado...". São Paulo: Paulinas, 2009.

CIFUENTES, R.L. *Sacerdotes para o Terceiro Milênio.* Aparecida: Editora Santuário, 2009.

Código de Direito Canônico. Brasília: Edições CNBB, 2019.

CONCÍLIO ECUMÊNICO VATICANO II. *Constituição Apostólica* Humanae Salutis. Para a Convocação do Concílio Vaticano II. Brasília: Edições CNBB, 2018.

CONCÍLIO ECUMÊNICO VATICANO II. *Constituição Conciliar* Sacrosanctum Concilium. Sobre a Sagrada Liturgia. Brasília: Edições CNBB, 2018.

CONCÍLIO ECUMÊNICO VATICANO II. *Constituição Dogmática* Dei Verbum. Sobre Revelação Divina. Brasília: Edições CNBB, 2018.

CONCÍLIO ECUMÊNICO VATICANO II. *Constituição Dogmática* Lumen Gentium. Sobre a Igreja. Brasília: Edições CNBB, 2018.

CONCÍLIO ECUMÊNICO VATICANO II. *Constituição Pastoral Gaudium et Spes.* Sobre a Igreja e o Mundo de Hoje. Brasília: Edições CNBB, 2018.

CONCÍLIO ECUMÊNICO VATICANO II. *Decreto Optatam Totios.* Sobre a Formação Sacerdotal. Brasília: Edições CNBB, 2018.

CONCÍLIO ECUMÊNICO VATICANO II. *Decreto Perfectae Caritatis.* Sobre a adequada renovação da vida religiosa. Brasília: Edições CNBB, 2018.

CONCÍLIO ECUMÊNICO VATICANO II. *Decreto Presbyterorum Ordinis.* Sobre o Ministério e a Vida dos Presbíteros. Brasília: Edições CNBB, 2018.

CONCÍLIO ECUMÊNICO VATICANO II. *Discurso do Papa São João XXIII na Abertura Solene do Concílio Vaticano II.* 11 out. 1962. Brasília: Edições CNBB, 2018.

CONGREGAÇÃO PARA O CLERO. *Diretório para os Ministérios e Vida dos Presbíteros.* 11 fev. 2013. Disponível em: <http://www.vatican.va/roman_curia/congregations/cclergy/documents/rc_con_cclergy_doc_20130211_direttorio-presbiteri_po.html => Acesso em: 16 de mar. de 2021.

COSTA, R.F. *Mistagogia hoje* – O resgate da experiência mistagógica dos Séculos III e IV como Contribuição para a Evangelização Atual. Dissertação (Mestrado em Teologia.) Pontifícia Universidade Católica do Rio de Janeiro, em Teologia Sistemático-pastoral. Rio de

Janeiro, 2003, p. 66. Disponível em: < https://www.maxwell.vrac.puc-rio.br/4772/4772_3. PDF => Acesso em: 14 de maio de 2021.

DEBATIN, O. *A Espiritualidade do Presbítero*. Encontros Teológicos nº 53, Ano 24 / número 2 / 2009, p. 49-60. Disponível em: < https://facasc.emnuvens.com.br/ret/article/vie wFile/303/290 => Acesso em: 25 de maio de 2021.

DENZINGER, H. *Compêndio dos símbolos, definições e declarações de fé e moral*. Traduzido com base na 40ª edição alemã (2005), aos cuidados de Peter Hünermann. São Paulo: Paulinas; Loyola, 2007.

FACCINI, T.A. *Raízes Mistagógicas da Liturgia Cristã*. Revista Eletrônica Espaço Teológico ISSN 2177-952X. Vol. 8, n. 14, jul/dez, 2014, p. 262-273. Disponível em: < https://www. google.com/url?sa=t&rct=j&q=&esrc=s&source=web&cd=&ved=2ahUKEwjPydr9r8n wAhVVIrkGHX7yDA0QFjAAegQIAxAD&url=https%3A%2F%2Frevistas.pucsp.br% 2Findex.php%2Freveleteo%2Farticle%2Fdownload%2F21565%2F15814&usg=AOvVaw 3d-pBK_BmqPpwXv25TJSP1 => Acesso em: 14 de maio de 2021.

FERREIRA, S. *A vida dos presbíteros nas dioceses do Brasil*: Desafios e Perspectivas a partir dos Encontros Nacionais. Curitiba, 2011, 243p. Dissertação. Faculdade de Teologia. Pontifícia Universidade Católica do Paraná. Disponível em: < http://www.biblioteca.pucpr.br/ tede/tde_arquivos/19/TDE-2012-02-13T120356Z-1849/Publico/Sandro.pdf => Acesso em: 13 de maio de 2021.

FERREIRA, W. *A formação da consciência moral nas novas comunidades*. São Paulo: Editora Canção Nova, 2011.

FRANCISCO, PP. *Aos sacerdotes*. São Paulo: Paulus, 2020.

FRANCISCO, PP. *Carta Encíclica Laudato Si'*. Sobre o cuidado da casa comum. São Paulo: Paulus: Edições Loyola, 2015.

FRANCISCO, PP. *Exortação Apostólica Evangelii Gaudium*. Sobre o Anúncio do Evangelho no Mundo de Hoje. Brasília: Edições CNBB, 2013.

GOFFMAN, E. *La presentación de la persona en la vida cotidiana*. Buenos Aires: Amorrortu, 2001.

GULA, R. M. *Ética no Ministério Pastoral*. São Paulo: Loyola, 2001.

GREGÓRIO MAGNO. *Regra Pastoral*. São Paulo: Paulus, 2010. Disponível em: <https:// facbel.edu.br/wp-content/uploads/2020/08/Patristica-vol.-28-Gregorio-Magno.pdf=> Acesso em: 06 de abril de 2021.

HACKMANN, G.L.B.; VIAN, L.M. O Lugar Social do Presbítero no Brasil. *Teocomunicação*, Porto Alegre, v. 37, n. 155, p. 19-48, mar. 2007. Disponível em: <https://revistaseletronicas. pucrs.br/ojs/index.php/teo/article/download/1772/1305/ => Acesso em: 13 de maio de 2021.

HACKMANN, G.L.B. *A identidade presbiteral depois do Vaticano II* (Presbyterial Identity after Vatican II) - DOI: P.2175-5841.2011v9n24p1090. *Horizonte – Revista de Estudos de Teologia e Ciências da Religião*. v. 9, n. 24, p. 1090-1112, 19 mar. 2012. Disponível em: <http://periodicos.pucminas.br/index.php/horizonte/article/view/P.217 5-5841.2011v9n24p1090/3531=>. Acesso em: 13 de março de 2021.

JOÃO PAULO II, PP. *Carta Apostólica Novo Millennio Ineunte*. No Termo do Grande Jubileu do Ano 2000. 06 jan. 2001. Disponível em: < https://www.vatican.va/content/

john-paul-ii/pt/apost_letters/2001/documents/hf_jp-ii_apl_20010106_novo-millennio-ineunte.html => Acesso em: 18 de jun. de 2021.

JOÃO PAULO II, PP. *Carta Encíclica Evangelium Vitae*. Documentos da Igreja. Encíclicas de São João Paulo II. São Paulo: Paulus, 2020.

JOÃO PAULO II, PP. *Carta Encíclica Laborem Exercens*. Aos Veneráveis Irmãos no Episcopado aos Sacerdotes às Famílias Religiosas aos Filhos e Filhas da Igreja e a Todos os Homens de Boa Vontade Sobre o Trabalho humano no 90º aniversário da Rerum Novarum. 14 set. 1981. Disponível em: <http://www.vatican.va/content/john-paul-ii/pt/encyclicals/documents/hf_jp-ii_enc_14091981_laborem-exercens.html#_ftnref6 => Acesso em: 27 de março de 2021.

JOÃO PAULO II, PP. *Carta Encíclica Redeptor Hominis* – Documentos da Igreja. Encíclicas de São João Paulo II. São Paulo: Paulus, 2020.

JOÃO PAULO II, PP. *Carta Encíclica Redemptoris Missio* – Sobre a Validade Permanente do Mandato Missionário. 7 dez. 1990. Brasília: Edições CNBB, 2018.

JOÃO PAULO II, PP. *Carta Encíclica Vertatis Splendor*. A todos os Bispos da Igreja Católica sobre algumas questões fundamentais do Ensinamento Moral da Igreja. 06 ago. 1993. Disponível em: < http://www.vatican.va/content/john-paul-ii/pt/encyclicals/documents/hf_jp-ii_enc_06081993_veritatis-splendor.html => Acesso em: 11 de maio de 2020.

JOÃO PAULO II, PP. *Carta a todos os sacerdotes da Igreja por ocasião da Quinta-Feira Santa de 1979*. Disponível em: < https://www.vatican.va/content/john-paul-ii/pt/letters/1979/documents/hf_jp-ii_let_19790409_sacerdoti-giovedi-santo.html => Acesso em 13 de março de 2021.

JOÃO PAULO II, PP. *Carta a todos os sacerdotes da Igreja por ocasião da Quinta-Feira Santa de 1982*. Disponível em: < https://www.vatican.va/content/john-paul-ii/pt/letters/1982/documents/hf_jp-ii_let_19820325_sacerdoti-giovedi-santo.html => Acesso em: 15 de março de 2021.

JOÃO PAULO II, PP. *Carta a todos os sacerdotes da Igreja por ocasião da Quinta-Feira Santa de 1983*. Disponível em: < https://www.vatican.va/content/john-paul-ii/pt/letters/1983/documents/hf_jp-ii_let_19830327_sacerdoti-giovedi-santo.html => Acesso em: 16 de março de 2021.

JOÃO PAULO II, PP. *Carta a todos os sacerdotes da Igreja por ocasião da Quinta-Feira Santa de 1984*. Disponível em: < https://www.vatican.va/content/john-paul-ii/pt/letters/1984/documents/hf_jp-ii_let_19840307_priests.html => Acesso em: 15 de março de 2021.

JOÃO PAULO II, PP. *Carta a Ttdos os sacerdotes da Igreja por ocasião da Quinta-Feira Santa de 1989*. Edições CNBB, 2015.

JOÃO PAULO II, PP. *Carta a todos os sacerdotes da Igreja por ocasião da Quinta-Feira Santa de 1991*. Edições CNBB, 2015.

JOÃO PAULO II, PP. *Carta a todos os sacerdotes da Igreja por ocasião da Quinta-Feira Santa de 1993*. Disponível em: < https://www.vatican.va/content/john-paul-ii/pt/letters/1993/documents/hf_jp-ii_let_08041993_priests.html => Acesso em: 17 de junho de 2021.

JOÃO PAULO II, PP. *Carta a todos os sacerdotes da Igreja por ocasião da Quinta-feira Santa de 1996*. Disponível em: < https://www.vatican.va/content/john-paul-ii/pt/letters/1996/documents/hf_jp-ii_let_17031996_priests.html => Acesso em: 12 de maio de 2021.

JOÃO PAULO II, PP. *Dom e Mistério* – Por ocasião do 50º aniversário da minha ordenação sacerdotal. São Paulo: Paulinas, 1996.

JOÃO PAULO II, PP. *Exortação Apostólica Pós-Sinodal Pastores Dabo Vobis*. Aos Episcopado, ao Clero e aos Fiéis. Sobre a Formação dos Sacerdotes nas Situações Atuais. 25 mar. 1992. Disponível em: < http://www.vatican.va/content/john-paul-ii/pt/apost_exhortations/documents/hf_jp-ii_exh_25031992_pastores-dabo-vobis.html => Acesso em: 12 de maio de 2021.

JOÃO PAULO II, PP. *Exortação Apostólica Redemptionis Donum*. – Aos religiosos e às religiosas sobre a sua consagração à luz do mistério da redenção. 24 mar. 1984. Disponível em: <https://www.vatican.va/content/john-paul-ii/pt/apost_exhortations/documents/hf_jp-ii_exh_25031984_redemptionis-donum.html => Acesso em: 27 de maio de 2021.

MANDOKI, K. *Prácticas estéticas e identidades sociales*. Prosaica Dos. México: Siglo Veintinuno, 2006. Disponível em: < https://www.academia.edu/29937620/Pr%C3%A1cticas_est%C3%A9ticas_e_identidades_sociales_Pr%C3%A1cticas_est%C3%A9ticas_e_identidades_sociales_PROSAICA_2 => Acesso em: 03 de maio de 2021.

MESTERS, C. *Jesus Formando e Formador*. São Leopoldo: Cebi, 2012.

MÉZERVILLE, HL. *O desgaste na vida sacerdotal* – Prevenir e superar a Síndrome de Burnout. São Paulo: Paulus, 2012.

MIRANDA, L. Catolicismo y sensibilidad antiburguesa. La Iglesia católica en una era de desarrollo, 1955-1965. *Quinto Sol*, v. 16, n. 2, p. 1-20, jul./dec. 2012. Disponível em: <https://www.researchgate.net/publication/262665244_Catolicismo_y_sensibilidad_antiburguesa_La_Iglesia_Catolica_en_una_era_de_desarrollo_1955-1965=> Acesso em: 03 de maio de 2021.

NADAS, P. Ética na Administração e Responsabilidade Social do Administrador. *Responsabilidade Social*. 2. 27 jul. 2020. Disponível em: <http://www.responsabilidadesocial.com/artigo/etica-na-administracao-e-responsabilidade-social-do-administrador => Acesso em: 03 de abr. de 2021.

NOCKE, F.J. Doutrina Geral dos Sacramentos. In: SCHNEIDER, T. (org). *Manual de Dogmática*. V. 2. Petrópolis: Vozes, 2000.

NORIEGA, R. *Ministério Sacerdotal* – A responsabilidade ética na arte de servir. Petrópolis: Vozes, 2020.

NOUWEN, H.J.M. *Crescer* – Os três movimentos da vida espiritual. São Paulo: Paulinas, 2000.

PARO, T.A.F. *A dinâmica simbólico-ritual da Iniciação à Vida Cristã*: Um estudo a partir do RICA e a sua aplicação na catequese infantil. Mestrado em Teologia, Pontifícia Universidade Católica de São Paulo, 2016. Disponível em: <https://tede2.pucsp.br/handle/handle/18939 => Acesso em: 07 de maio de 2021.

PAULO VI, PP. 1964. *Carta Encíclica Ecclesiam Suam*. Aos Veneráveis Irmãos Patriarcas, Primazes, Arcebispos, Bispos e a todos os Ordinários do Lugar ao Clero e aos Fiéis de todo o Mundo e a todos os Homens de Boa Vontade em Paz e Comunhão com a Sé Apostólica sobre os Caminhos da Igreja. 6 ago. 1964. Disponível em: < http://www.vatican.va/content/paul-vi/pt/encyclicals/documents/hf_p-vi_enc_06081964_ecclesiam.html => Acesso em: 06 de abril de 2021.

PAULO VI, PP. *Carta Encíclica Sacerdotalis Caelibatus*. Sobre o Celibato Sacerdotal. 24 jun. 1967. Disponível em: < http://www.vatican.va/content/paul-vi/pt/encyclicals/documents/hf_p-vi_enc_24061967_sacerdotalis.html#_ftn8 => Acesso em: 06 de maio de 2021.

PAULO VI, PP. *Decreto Perfectae Caritatis* – Sobre a Conveniente Renovação da Vida Religiosa. Vaticano. 28 out. 1965. Disponível em: < https://www.vatican.va/archive/hist_councils/ii_vatican_council/documents/vat-ii_decree_19651028_perfectae-caritatis_po.html => Acesso em: 08 de junho 2021.

PAULO VI, PP. *Exortação Apostólica Evangelii Nuntiandi*. Sobre a Evangelização no mundo Contemporâneo. 8 dez. 1965. Disponível em: < http://www.vatican.va/content/paul-vi/pt/apost_exhortations/documents/hf_p-vi_exh_19751208_evangelii-nuntiandi.html=> Acesso em: 19 de maio de 2021.

PIMENTEL, J.P. *O sacerdócio um serviço de amor*. São Paulo: Paulus, 2012.

PIO XII, PP. *Exortação Apostólica Menti Nostrae*. – Ao clero do mundo católico sobre a Santidade da Vida Sacerdotal. Disponível em: <http://www.vatican.va/content/pius-xii/pt/apost_exhortations/documents/hf_p-xii_exh_19500923_menti-nostrae.html=> Acesso em: 12 de maio de 2021.

PONTIFICAL ROMANO. São Paulo: Paulus, 2000.

RAMOS, J.A. *Teologia pastoral*. Madrid: Biblioteca de Autores Cristianos, 2006.

RATZINGER, J. *Compreender a Igreja Hoje* – Vocação para a comunhão. Petrópolis: Vozes, 2015.

RINCÓN, V. ; JANER, J. El hábito no hace al monje. Reflexiones histórico-semióticas sobre la ética sacerdotal tradicionalista. *Franciscanum*, Vol. 58, n. 165, p. 303-338, jan./jun. 2016. Disponível em: < http://www.scielo.org.co/pdf/frcn/v58n165/v58n165a11.pdf => Acesso em: 03 de maio de 2021.

RUBIO, A.G. *Unidade na pluralidade* – O ser humano à luz da fé e da reflexão cristãs. São Paulo: Paulus, 2001.

SANTOS, R.C. *Identidade do sacerdote* – O conflito pós-moderno. Disponível em: <https://docplayer.com.br/39331327-Identidade-do-sacerdote-o-conflito-pos-moderno-santos-rodrigo-carneiro-dos-uepg.html => Acesso em: 04 de maio de 2021.

SCHILLING, V. O corpo: no paganismo e no cristianismo. *Terra/História*. 30 set. 2020. Disponível em: <https://www.terra.com.br/noticias/educacao/historia/o-corpo-no-paganismo-e-no-cristianismo,a0885ea67d140f0292d48c5dfabfe0dat6nfwf3z.html => Acesso em: 18 de maio de 2021.

SÉRGIO R. S. O trabalho humano na perspectiva filosófica da Encíclica Laborem Exercens. *Revistas Eletrônicas*, v. 36, n. 154, p. 767-786, 25 jan. 2007. Disponível em: <https://revistaseletronicas.pucrs.br/ojs/index.php/teo/article/view/1761/1294 => Acesso em: 27 de março de 2021.

SILVA, J.A. Comunicação Litúrgica: Ação Sinergeticamente Divino-Humana. (2011). Comunicação litúrgica. Ação sinergeticamente divino-humana. *Revista Eclesiástica Brasileira*, Rio de Janeiro, jul. 2011. v. 71 n. 283, 642-658. Disponível em: < https://revistaeclesiasticabrasileira.itf.edu.br/reb/article/view/1003 => Acesso em: 15 de maio de 2021.

SUEIRO, S. *Espiritualidad para La Misión*. Estudios eclesiásticos, vol. 95, núm. 372, marzo 2020, 69-111, GRESHAKE G. ... wie man in der Welt leben soll. Grundfragen christli-cher

Spiritualität. Würzburg: echter, 2009, 10-12. Disponível em: < https://www.researchgate. net/publication/339979715_Espiritualidad_para_la_mision => Acesso em: 19 de maio de 2021.

TABORDA, F. Da celebração à teologia: por uma abordagem mistagógica da teologia dos sacramentos. *Revista Eclesiástica Brasileira*, Rio de Janeiro, v. 64, n. 255, p. 588-615, jul. 2004. Disponível em: <https://revistaeclesiasticabrasileira.itf.edu.br/reb/article/view/1710 => Acesso em: 11 de maio de 2021.

TABORDA, F. *A Igreja e seus ministros* – Uma teologia do ministro ordenado. São Paulo: Paulus, 2011.

THUAN, F.X.V. *Testemunhas da esperança* – Quando o amor irrompe em situações de heroísmo e no dia a dia. São Paulo: Cidade Nova, 2002.

TOMÁS DE AQUINO. *Suma Teológica*. Tratado de Deo Uno: I seção da I parte, questões 2-49. Disponível em: <file:///C:/Users/eanes/OneDrive/Biblioteca/Suma%20 Teolo%CC%81gica.pdf.pdf => Acesso em: 13 de abril de 2021.

VIERA, C. *El Hieroteo:* o tratado histórico de los antiguos honores y derechos del pres bítero. San Clemente: Idea, 2012. Disponível em: < https://books.google.com.br/books?i d=IZ8tBAAAQBAJ&pg=PA61&lpg=PA61&dq=el+hieroteo:+o+tratado+hist% C3%B3rico+de+los+antiguos+honores+y+derechos+del+presb%C3%ADtero&sour ce=bl&ots=cwFCRB-5we&sig=ACfU3U1tGYWCIYUSBVelt6fQ5bMi5W5L wA&hl=pt-BR&sa=X&ved=2ahUKEwiKytW9oa7wAhVfHrkGHVnRCMkQ6AE wAnoECAIQAw#v=onepage&q=el%20hieroteo%3A%20o%20tratado%20hist% C3%B3rico%20de%20los%20antiguos%20honores%20y%20derechos%20del%20pres b%C3%ADtero&f=false=> Acesso em: 03 de maio de 2021.

WOLFF, E. Editorial. *Revista Caminhos de Diálogo* - Ano 02, n. 02, janeiro a julho de 2014. Disponível em: < https://www.google.com/url?sa=t&rct=j&q=&esrc=s&source= web&cd=&ved=2ahUKEwjtz7vZtL3xAhU9qpUCHWocAgMQFjACegQIAxAD&url=ht tps%3A%2F%2Fperiodicos.pucpr.br%2Findex.php%2Fcaminhosdedialogo%2Farticle% 2Fdownload%2F24579%2F23086&usg=AOvVaw1Bbyx1xpW0ZKUhL3l00yd8 => Acesso em: 13 de março de 2021.

Série Teologia PUC-Rio

- *Rute: uma heroína e mulher forte*
Alessandra Serra Viegas

- *Por uma teologia ficcional: a reescritura bíblica de José Saramago*
Marcio Cappelli Aló Lopes

- *O Novo Êxodo de Isaías em Romanos – Estudo exegético e teológico*
Samuel Brandão de Oliveira

- *A escatologia do amor – A esperança na compreensão trinitária de Deus em Jürgen Moltmann*
Rogério Guimarães de A. Cunha

- *O valor antropológico da Direção Espiritual*
Cristiano Holtz Peixoto

- *Mística Cristã e literatura fantástica em C. S. Lewis*
Marcio Simão de Vasconcellos

- *A cristologia existencial de Karl Rahner e de Teresa de Calcutá – Dois místicos do século sem Deus*
Douglas Alves Fontes

- *O sacramento-assembleia – Teologia mistagógica da comunidade celebrante*
Gustavo Correa Cola

- *Crise do sacerdócio e escatologia no séc. V a.C. – A partir da leitura de Ml 2,1-9 e 17–3,5*
Fabio da Silveira Siqueira

- *A formação de discípulos missionários – O kerigma à luz da cruz de Antonio Pagani*
Sueli da Cruz Pereira

- *O uso paulino da expressão μὴ γένοιτο em Gálatas – Estudo comparativo, retórico e intertextual*
Marcelo Ferreira Miguel

- *A mistagogia cristã à luz da Constituição Sacrosanctum Concilium*
Vitor Gino Finelon

- *O diálogo inter-religioso para uma ecologia integral à luz da Laudato Si'*
Chrystiano Gomes Ferraz

- *A glória de Jesus e sua contribuição para a formação da cristologia lucana*
Leonardo dos Santos Silveira

- *A ecoteologia do Santuário Cristo Redentor à luz da encíclica Laudato Si'*
Alexandre Carvalho Lima Pinheiro

- *Ser presbítero católico – Estudo sobre a identidade*
Eanes Roberto de Lima

- *A pedagogia de YHWH e o seu povo diante da Lei – Uma análise de Dt 31,9-13*
Daise Gomes da Costa

Conecte-se conosco:

facebook.com/editoravozes

@editoravozes

@editora_vozes

youtube.com/editoravozes

+55 24 2233-9033

www.vozes.com.br

Conheça nossas lojas:
www.livrariavozes.com.br

Belo Horizonte – Brasília – Campinas – Cuiabá – Curitiba
Fortaleza – Juiz de Fora – Petrópolis – Recife – São Paulo

EDITORA VOZES LTDA.
Rua Frei Luís, 100 – Centro – Cep 25689-900 – Petrópolis, RJ
Tel.: (24) 2233-9000 – E-mail: vendas@vozes.com.br